Aufschieben sofort stoppen

4 mächtige Konzepte, um unbeliebte Aufgaben ohne Überwindung schnell und stressfrei abzuschließen. Mit diesen Methoden wirst du Prokrastination endgültig beenden

PATRICK DRECHSLER

Inhaltsverzeichnis

Einleitung 5

Dem Aufschieben auf der Spur 11

    Auf Ursachensuche – neuste Erkenntnisse und alte Theorien 13

    Nutzen einer Aufgabe bestimmen – ist Prokrastination angemessen? 21

    „Procrastinare!" – Das Aufschieben im Wandel der Zeit 35

    Das Wichtigste auf den Punkt gebracht 41

Konzept 1 | Reine Einstellungssache: Den richtigen Anfang finden 43

    Erkenntnis #1: Du wirst nie etwas bereuen, sobald du es hinter dich gebracht hast. 44

    Erkenntnis #2: Das Ziel ist Fortschritt, keine Perfektion. 47

    Erkenntnis #3: Nicht auf Biegen und Brechen, sondern mit Pausen und Etappen. 50

    Erkenntnis #4: Mit der unangenehmsten Aufgabe beginnen 52

    Erkenntnis #5: Es gibt keinen Anfang und kein Ende, nur das Tun. 53

    Das Wichtigste auf den Punkt gebracht 57

Konzept 2 | Selbstwirksamkeit: Überzeugung vom Erfolg 59

    Methode #1: Lerne am Modell 60

    Methode #2: Trickse deinen Körper aus. 68

    Methode #3: Lasse dich von anderen Menschen überzeugen 72

    Das Wichtigste auf den Punkt gebracht 82

Konzept 3 | Selbstkontrolle: Impulsen trotzen und fokussieren 85

    Schritt #1: Ideale Voraussetzungen als Basis 86

    Schritt #2: Auslöser fürs Aufschieben identifizieren und Gegenmaßnahmen festlegen 90

    Schritt #3: Langfristige Selbstkontrolle erarbeiten 94

    Das Wichtigste auf den Punkt gebracht 108

Konzept 4 | Priorisieren, entspannen und entschleunigen 111

    Wissenschaft mit klarer Meinung 112

    1. Schritt: Vor dem Entschleunigen kommen die Prioritäten 117

    2. Schritt: Einfacher Einstieg ins Entschleunigen 125

    3. Schritt: Dauerhaft Achtsamkeit und Entschleunigung etablieren 134

    Das Wichtigste auf den Punkt gebracht 136

Schlusswort 139

Quellenverzeichnis 141

Einleitung

Du stehst vor einer Aufgabe, die dir absolutes Unbehagen bereitet. Du willst sie einfach nicht machen. Alles in dir sträubt beim Gedanken an die Aufgabe. Der Haken: Eine Erledigung der Aufgabe ist unausweichlich. Früher oder später holt dich deine Verpflichtung ein. Je länger du sie aufschiebst, umso schlimmer ist es.

Geht es bei dir um die Hausarbeit an der Uni oder das Projekt im Unternehmen? Du weißt doch schon jetzt, wie das Aufschieben endet: Mit zahlreichen Kaffeetassen und einer Erledigung auf den letzten Drücker. Oder du erfüllst deine Pflicht gar nicht, was dir unangenehme Konsequenzen beschert. Und trotzdem tust du es: Du schiebst auf!

Oder zögerst du lieber die familiären Verpflichtungen hinaus? Stress mit dem Ehepartner, den Kindern, den Eltern oder den Geschwistern ist vorprogrammiert. Das Traurige ist, dass du schon jetzt den Verlauf kennst: Du wirst dich auf Anhieb oder mit zunehmender Zeit schuldig fühlen, bis du irgendwann eine umfassende Entschuldigung für deine verpatzten Verpflichtungen abgibst.

Ursachen für all das? Mittlerweile kursieren einige Begriffe für das Aufschieben von Aufgaben und Pflichten. Ob nun der wissenschaftlich anmutende Begriff Prokrastination oder die fast schon humorvolle Variante Aufschieberitis – was sich wirklich hinter dem Phänomen verbirgt, das Menschen vom Erfüllen bestimmter Aufgaben abhält, bleibt häufig ungeklärt. Zu unvollständig und einseitig erscheinen die gängigen

Ratschläge im Web und aus Bekanntenkreisen. „Einfach machen!", heißt es da manchmal. Aber wie, wenn alles in einem gegen die Aufgabe streikt und nicht mal die Gewissheit darüber hilft, dass man über das Aufschieben unglücklich sein wird? Das Problem bei vielen Ratschlägen besteht in der einseitigen Darstellung des Aufschiebens: Es wird meist davon gesprochen, das Aufschieben müsse verhindert werden. Es sei etwas Negatives, Schwaches, Undiszipliniertes. Aber ist das wirklich so?

Um dir eine ideale Hilfe gegen das Aufschieben zu sein, geht dieser Ratgeber zunächst der wahren Natur der Prokrastination auf den Grund. Wusstest du beispielsweise, dass der Begriff „Prokrastination" seine Wurzeln im Latein hat und ursprünglich eine positive Eigenschaft beschrieb? Oder hast du schon den Gedanken daran erwogen, dass das Aufschieben nicht zwingend ein Fehler deinerseits ist, sondern ebenso ein Hinweis auf den fehlenden Nutzen hinter einer Aufgabe sein kann? Das Aufschieben sollte nicht ohne tiefergehende Überlegungen als negativ gebrandmarkt werden. Deswegen hält dieser Ratgeber im ersten Kapitel wichtige Einsichten für dich bereit, mit deren Hilfe du zwischen „Gut" und „Böse" speziell beim Aufschieben zu differenzieren lernst. Dies wird dir einerseits bei deinen jetzigen Aufgaben, die du aufschiebst, eine Hilfe sein. Andererseits werden dir die Inhalte des ersten Kapitels auch in Zukunft nützlich sein, weil du dadurch über deine Entscheidungen und Aktivitäten optimal zu reflektieren lernst.

Natürlich kommt dieser Ratgeber mit seinen Inhalten der hauptsächlichen Aufgabe, dir Methoden und Mittel gegen das Aufschieben zu geben, ebenfalls nach. Obwohl Prokrastination positiver Natur sein kann, ist meist eine negative Ursache der Grund. Deswegen wirst du dich in diesem Ratgeber zum Großteil damit befassen, wie du das Aufschieben verhinderst oder die Neigung dazu komplett beseitigst.

Aber wie ist es möglich, Prokrastination zu verhindern? Wenn bestimmte Pflichten oder Aufgaben derart lästig sind, dass sich alles im eigenen Körper und Verstand gegen deren Erfüllung windet, erscheinen die Aussichten beim Vorgehen gegen das Aufschieben aussichtslos. Glücklicherweise gibt es für fast alles Wege und Methoden. In manchen Fällen treten sogar Wandlungen von einem Tag auf den anderen ein. Meist steht dies mit einschneidenden Erlebnissen in Verbindung. Der Tod geliebter Menschen, das Ende einer Beziehung, der tiefe Fall nach zuvor großem Erfolg – all dies sind Momente, die plötzlich einschlagen und bei Menschen die vielzitierte „Jetzt-erst-recht-Einstellung" verursachen können: Dann wird für den geliebten Menschen das Leben umgekrempelt, um die verloren gegangene Beziehung zu retten, der Charakter grundlegend gewandelt oder für einen Weg zurück zum Erfolg jede Kraft mobilisiert. Der Hirnforscher Gerhard Roth, dessen Aussagen du in den Zeilen dieses Buches mehrmals begegnen wirst, nennt diese Ereignisse *Teachable Moments*; also „lehrreiche Momente".

Teachable Moments setzen, wenn sich eine Person zum Handeln entschließt, meist ungeahnte Kräfte frei. Das Problem allerdings ist meistens der destruktive Umgang mit sich selbst. Die betroffenen Personen haben durch den starken emotionalen Auslöser einen Tunnelblick und vernachlässigen ihr eigenes Wohlergehen, um ein bestimmtes Ziel zu erreichen. Dieses Problem zeigt sich grundsätzlich bei allen Formen der rapiden Veränderungen: Sie sind nicht nachhaltig oder auf Dauer ungesund.

Was du dennoch für dich mitnehmen kannst: Wenn bestimmte Ereignisse von Jetzt auf Gleich einen Menschen wandeln können, dann ist es möglich, jede Prokrastination erfolgreich zu bekämpfen. Der Weg, den du mit Hilfe dieses Buches gehen wirst, ist allerdings kein Teachable Moment und erhebt auch nicht den Anspruch auf schnelle „Heilung".

Das Ziel ist es, dich mit Methoden zu versorgen, die dir einen nachhaltigen Weg aus der Prokrastination heraus weisen, bei dem du ohne Tunnelblick und mit Rücksicht auf deine Gesundheit agierst.

Das Buch ist nach dem Einführungskapitel in 4 Konzepten aufgebaut:

> - Im vorbereitenden Kapitel 1 gehst du den verschiedenen Bewertungsmöglichkeiten für das Aufschieben nach. Dabei werden die gängigsten und einige seltenere Ursachen für Prokrastination vorgestellt.
> - Anhand dieser Ursachen und mehrerer Selbsttests wirst du in den Folgekapiteln eine Vielfalt an Methoden finden, die dir in deiner individuellen Situation helfen.
> - Jedes Konzept steht für eine Hauptursache für Prokrastination, die sich aus mehreren kleinen Ursachen zusammensetzt.

Dieser Aufbau ist die Stärke des vorliegenden Ratgebers: Es werden keine Lösungen präsentiert, die nur auf einige Fälle anwendbar sind. Betrachte diesen Ratgeber wie einen Kundendienst, bei dem du dich durch mehrere Optionen durchklicken kannst und anschließend die passende Lösung für dein Anliegen findest. So soll sichergestellt werden, dass du exakt das findest, was du brauchst.

Motivation gefällig? Wenn es dir schwerfällt, dich zu motivieren, dann wird dir das zweite Kapitel, Konzept 1, mehrere nützliche Erkenntnisse liefern. Ab dem ersten Konzept beginnen auch die regelmäßigen Aufgaben, die dir im Vorgehen gegen Prokrastination zur Verfügung stehen. Kapitel 3, 4 und 5 bzw. die Konzepte 2, 3 und 4 fahren mit weiteren Ursachen der Prokrastination und Aufgaben gegen diese fort: mehr Selbstüberzeugung entwickeln, größere

Selbstkontrolle an den Tag legen, Prioritäten setzen und in der digitalen schnelllebigen Welt mal entschleunigen – dies sind einige Punkte des Rahmenprogramms, das dir geboten wird. Führe dir bei alledem die Tatsache vor Augen, dass die Methoden nur so lange wirksam sind, wie du ehrlich zu dir selbst bist und wirklich an dir arbeitest.

Den ersten Schritt hast du gemacht, indem du dieses vielschichtige und für jede betroffene Person hilfreiche Buch ausgesucht hast. Der nächste Schritt ist, es gründlich zu lesen. Damit einher geht die Praxis. Du musst dabei von heute auf morgen nichts Großes verändern. Du musst nicht deine Weltanschauungen über den Haufen werfen. Alles, was du an Input erhältst, ist immer nur ein kleiner Schritt. Als Resultat erwartet dich ein nachhaltiges Konstrukt, das beim Vorgehen gegen das Aufschieben dein lang ersehnter Schlüssel zum Erfolg ist. Gehe nun den nächsten kleinen Schritt auf die nächste Seite des Buches. Und dann wieder auf die Nächste. So schreitest du in Richtung deines persönlichen Erfolgs voran.

Dem Aufschieben auf der Spur

Ist Prokrastination ein Fehler deinerseits? Bist du wirklich allein dafür verantwortlich, dass du eine Aufgabe aufschiebst? Ist Prokrastination immer etwas Schlechtes? Interessante Fragen, die zu klären sind, damit du die richtigen Maßnahmen ergreifen kannst. Unter anderem der Beantwortung dieser Fragen widmet sich dieses erste Kapitel. Schließlich steckt hinter dem Wort Prokrastination mehr als nur ein Laster, dem man sich entledigen sollte. Sie kann durchaus hilfreich sein. In einigen Situationen dient sie als Warnung und hilft dir, dein Leben neu zu ordnen. Prokrastination kann dir verständlich machen, wann Dinge, Beziehungen und Aufgaben losgelassen werden sollten, weil sie keinen Mehrwert mehr bieten.

Je nachdem, wie dein individueller Fall ist, wird sich immer eine andere Interpretation des Aufschiebens ergeben und ebenso eine andere Ursache dafür. Beispielsweise kann es sein, dass du eine im Kern sehr disziplinierte und konsequente Person bist, aber dir derart viele Aufgaben auferlegt hast, dass es unmöglich ist, all diesen zeitnah nachzukommen. In diesem Fall wäre entweder Priorisieren oder sogar das Aufgeben einzelner Aufgaben die richtige Wahl.

In diesem Kapitel lernst du zur Auswahl des passenden Konzepts die verschiedenen Ursachen für Prokrastination kennen. Du wirst mithilfe von Fragen dahin geleitet, zu *erkennen, wieso du aufschiebst.* Dadurch wirst du die passenden

Konzepte auswählen können, um für deinen Fall die richtige Vorgehensweise festzulegen, sodass du seltener aufschiebst und erfolgreicher wirst. Eines sei zu den einzelnen Konzepten bereits vorweggenommen: Oft mag **eine Hauptursache** für das Aufschieben vorliegen. Aber der Mensch ist ein derart komplexes System, dass diese Hauptursache mit **vielen weiteren Faktoren** zusammenhängt. Deswegen ist es am besten, wenn du alle Konzepte der Reihe nachliest und daraus das Wissen mitnimmst, das dir sinnvoll erscheint.

> **Beispiel**
>
> Du lässt dich ziemlich schnell von Impulsen ablenken und schiebst deswegen auf. Konzept 3 bietet dir zur Lösung des Problems konkrete Ansätze und Aufgaben. Weil Impulse durch die Schnelllebigkeit als weiterer Einflussfaktor begünstigt werden (etwa durch eine permanente Erreichbarkeit über die digitalen Medien), vermittelt dir das Konzept 4 – eigentlich nicht das primäre Konzept für dich – zahlreiche wertvolle vertiefende Kenntnisse.

Im Folgenden werden die verschiedenen wissenschaftlich definierten Arten der Prokrastination als Grundlage für die vier Konzepte und die darin enthaltenen Aufgaben beleuchtet. Dabei wirst du feststellen, dass Prokrastination in jedem Fall eine wichtige Entscheidungshilfe ist. Zudem ist sie ein Phänomen, das sich in den vergangenen Jahrzehnten zunehmend etabliert. Die Digitalisierung und die an Perspektiven reiche Welt, in der wir leben, spielen dabei eine entscheidende Rolle.

Auf Ursachensuche – neuste Erkenntnisse und alte Theorien

Neuste Erkenntnisse zeigen die allgemeine Tendenz, dass früher in der Wissenschaft angeführte Ursachen der Prokrastination wie Perfektion, rebellisches Verhalten oder starkes Interesse für Neues kaum von Bedeutung sind. Der Grundgedanke hinter der Perfektion als Ursache war, dass der Wunsch, einer Aufgabe mit höchster Qualität nachzukommen bei gleichzeitig mangelnden Kenntnissen dazu führt, die Aufgabe aufzuschieben. Perfektion und ebenso rebellisches Verhalten sowie starkes Interesse für Neues treffen als Ursachen für Prokrastination jedoch nur auf eine wenige Menschen zu. Im Fokus dieses Buches stehen daher die im Nachfolgenden geschilderten vier Ursachen für Prokrastination, die indirekt diverse weitere kleinere Ursachen stellvertretend repräsentieren.

Ursache 1: Abneigung gegenüber der Aufgabe

Die Abneigung gegenüber einer Aufgabe ist in zahlreichen Studien und Fachwerken ein Klassiker unter den Ursachen für Prokrastination. Eine Abneigung kann aus mangelnden Fähigkeiten resultieren. Ist eine Person außerstande, einer Aufgabe qualitativ hochwertig nachzugehen, so kann es zur Prokrastination kommen. Neben dem Mangel an Fähigkeiten ist die Übereinstimmung mit den persönlichen Interessen relevant: Eventuell hat eine Person beste Fähigkeiten zur Ausübung einer Aufgabe, aber kommt dieser Aufgabe trotzdem nicht nach, weil sie kein Interesse an dieser Sache hat. Daraus kann Unterforderung resultieren, die zum Aufschieben führt.

Worin die Abneigung gegenüber einer Sache begründet ist, entscheidet zudem der individuelle Charakter. Das zentrale Stichwort hierbei ist die Motivation: Wie gelingt es dir, dich zu motivieren? Einige Personen vermögen sich sogar zu den Aufgaben auf Anhieb zu motivieren, denen gegenüber sie große Abneigung empfinden. Andere Personen wiederum brauchen zur Motivation Zeit oder es gelingt ihnen nicht. Wie man sich motiviert und wie stark man sich motivieren kann, variiert mit jeder Person. Motivation zu entwickeln, lässt sich trainieren. Denn letzten Endes bedeutet Motivation nichts anderes, als Motive zu finden.

Nach Steel (2012) haben Forscher ermittelt, dass den Belohnungen und Bestrafungen im Zusammenhang mit der Durchführung der ungewollten Aufgabe eine hohe Stellung zukommt. Je näher der Zeitpunkt der Belohnung bzw. Bestrafung für eine nicht durchgeführte Aufgabe komme, umso mehr wachse die Bereitschaft an, der Aufgabe nachzugehen. Daraus lässt sich schlussfolgern, dass Belohnungen und Bestrafungen wirksame Motive sind, um einer ungewollten Aufgabe nachzugehen. Belohnungen und Bestrafungen sind zwei von mehreren Argumenten, um sich zu motivieren. Du wirst in diesem Buch lernen, möglichst viele solcher Argumente zu finden, um Motivation für die Durchführung jeder noch so ungewollten Aufgabe zu entwickeln.

Selbsttest-Fragen, damit du das richtige Konzept findest:

> ➢ Fällt es dir in erster Linie schwer, mit der Aufgabe zu beginnen? Konzept 1 bietet die passenden Mittel und Wege zur Beseitigung dieses Problems.
> ➢ Weißt du nicht, wo du anfangen sollst, weil es viele Aufgaben gibt? Es lohnt sich sowohl ein Blick in Konzept 1 als auch in Konzept 4.

➤ Fühlst du dich durch die Aufgabe überfordert und lehnst sie deswegen ab? Potenzielle Lösungen bieten dir alle Konzepte; die Konzepte 1, 2 und 4 mit der höchsten Wahrscheinlichkeit.

Ursache 2: Mangelnde Überzeugung vom Erfolg

Erfolg – in der einen oder anderen Form – ist eine Komponente im Leben, nach der jede Person strebt. Für Erfolg müssen Herausforderungen erfolgreich bestanden werden. Diese Herausforderungen fallen unterschiedlich aus. In einigen Fällen werden den betroffenen Personen große Anstrengungen abverlangt, in anderen Fällen weniger. Je geringer die Anstrengung und je größer der Erfolg ist, umso geringer ist die Tendenz zum Aufschieben. Je größer die Anstrengung und je geringer der Erfolg ist, umso größer ist die Tendenz zum Aufschieben. Große Anstrengung erfordert oftmals eine größere Motivation. Meist stellt sich subjektiv das Empfinden der bereits angesprochenen Aversion gegenüber der Aufgabe ein. Neben dem Ausmaß der Anstrengung und Herausforderung kommt allerdings noch eine weitere Komponente ins Spiel, nämlich die Ungewissheit.

Die Tatsache, dass mit zunehmender Anstrengung und Herausforderung der Erfolg in der Regel unwahrscheinlicher ist, verkompliziert den Sachverhalt. Es fällt schwerer, Motivation zu entwickeln. Wer von sich überzeugt ist, wird dieses Problem gut meistern. Sollte allerdings eine Person nicht von ihrem Erfolg überzeugt sein, so wird sie die Aufgabe tendenziell aufschieben. Man spricht bei der mangelnden Überzeugung auch von einer geringen Selbstwirksamkeit. Der Begriff Selbstwirksamkeit bezeichnet die Fähigkeit eines Menschen, Krisen, schwierige Situation und Hürden jedweder Art erfolgreich zu meistern.

Wer hat eine hohe Selbstwirksamkeit? Pauschal lässt sich Personen, die bereits mehrere Krisen gemeistert haben, eine hohe Selbstwirksamkeit attestieren. Vor allem Menschen, die sich gegenüber Neuem stets offen präsentiert und dabei erfolgreich abgeschnitten haben, tendieren dazu, eine ausgeprägte Selbstwirksamkeit an den Tag zu legen. Neben dieser generellen Selbstwirksamkeit existiert auch eine spezifische Selbstwirksamkeit. (So wird nicht in der Wissenschaft unterschieden, aber es macht im Rahmen dieses Ratgeber Sinn.) Eine spezifische Selbstwirksamkeit liegt dann vor, wenn Personen in einzelnen Bereichen von ihrem Erfolg überzeugt sind.

> **Beispiel**
>
> Du wirst dich sicher bestens an die Lieblingsfächer zu deiner Schulzeit erinnern: Jene Fächer, in denen du gute Noten bekamst oder an denen du Spaß hattest, hast du mit einer größeren Erfolgswahrscheinlichkeit praktiziert. Damit einher ging wohl auch, dass du von deinem Erfolg überzeugt warst, oder?

Du verstehst das Grundprinzip: Überzeugung ist ein großer Motivator. Wenig erstaunlich ist es, dass wieder das Stichwort „Motivation" fällt: Überzeugung ist im übertragenen Sinne mit einer Versicherung oder einem verbindlichen Vertrag zu vergleichen. Du bist in deiner Vorstellung absolut davon überzeugt, dass dir eine Aufgabe gut gelingen wird? Dann ist es für dich vom Empfinden her ein bisschen so, als hättest du einen Vertrag unterzeichnet, der dir den Erfolg zusichert. Würdest du deiner Pflicht nicht nachkommen, wenn der Erfolg feststünde? Vielleicht nicht, wenn der Erfolg die Anstrengung nicht rechtfertigt. Aber ansonsten steigert die

Gewissheit die Motivation – auch wenn es natürlich keine hundertprozentige Gewissheit gibt. Trotzdem lassen sich die Mehrwerte einer großen Überzeugung nicht leugnen, weil sie deinem Unterbewusstsein Gewissheit suggerieren.

Selbsttest-Fragen, damit du das richtige Konzept findest:

- Du zweifelst daran, dass es in dieser Situation generell möglich oder speziell dir möglich ist, die Aufgabe gut zu bewerkstelligen? Konzept 2 und zum Teil Konzept 3 sind für dich jetzt wichtig!
- Deine Entschlossenheit ist nicht groß, weil dir die Aufgabe nicht wirklich am Herzen liegt? In diesem Fall solltest du dich in erster Linie mit Konzept 4 befassen.
- Du widmest dich lieber anderen Sachen, weil diese erfolgsversprechender oder erfüllender sind? Schaue vor allem in Konzept 3 rein!

Ursache 3: Geringe Selbstkontrolle, hohe Impulsivität

Impulsivität und fehlende Selbstkontrolle werden oftmals mit Wutausbrüchen, Gewalttaten oder anderen nach außen hin stark auffälligen Taten in Verbindung gebracht. Doch nicht immer muss es zu drastischen Reaktionen kommen. Geringe Selbstkontrolle und hohe Impulsivität können auch bei Entscheidungen zu wenig auffälligen Handlungen oder Gedankengängen einfließen.

Im Fall der Prokrastination bedeutet dies, dass Personen, die sich nicht gut selbst kontrollieren können, zum Aufschieben neigen. Mangelnde Selbstkontrolle hat mehrere mögliche Ursachen:

- Gewohnheit

    Gewohnheiten sind automatisierte Handlungen, die sich im menschlichen Gehirn einprogrammiert haben. Die Neigung ist im Unterbewusstsein eingespeichert, wodurch es schwerfällt, der Handlung zu widerstehen. Als Resultat dessen kommt es regelmäßig dazu, dass Personen der Gewohnheit nachgeben. Je stärker die Gewohnheit ausgeprägt ist, umso schwieriger ist es, sich zu kontrollieren und der Versuchung zu widerstehen.

- Charakter

    Menschen haben bestimmte Charaktereigenschaften, zu denen auch Impulsivität gehören kann. Impulsivität kann sich sowohl im Kindes- und Jugendalter als auch erst im Erwachsenenalter entwickeln. Es ist dabei eine Ursache erforderlich. Diese kann im Elternhaus gegeben sein, wenn der laute Ton gang und gäbe ist. Ebenso können berufliche Laufbahnen, zwischenzeitliche Lebenspartner und einschneidende Erfahrungen potenzielle Auslöser einer Impulsivität sein, die sich im Charakter verankert. Betroffenen Personen fällt es schwer, sich emotional von einem Sachverhalt zu distanzieren. Als Folge dessen lassen sie den Emotionen freien Lauf.

- Krankheit

    Personen mit bestimmten psychischen Erkrankungen, die einerseits angeboren sein, andererseits im Laufe des Lebens entstehen können, neigen oft zur Impulsivität. Ein Beispiel für Impulsivität durch mangelnde Emotionskontrolle ist die psychische Erkrankung Borderline. Ein anderes Beispiel für eine psychische Erkrankung, bei der Impulsivität nicht aus Emotionen, sondern aus der bloßen Natur der Erkrankung resultieren kann, ist ADHS.

Diese drei sowie weitere Auslöser sind Ursachen dafür, dass sich die üblichen Verhaltensmuster auf die Bewältigung von Aufgaben übertragen. Eine mangelnde Selbstkontrolle allein reicht in der Regel nicht zum Aufschieben aus. Meist ist eine Ablehnung gegenüber der Aufgabe oder eine geringe Selbstwirksamkeit zusätzlich notwendig. Denn nur dann entstehen kontraproduktive Emotionen, die zum Nachgeben animieren und die Ausübung einer Aufgabe verhindern.

Eine interessante Erkenntnis für dich dürfte an dieser Stelle sein: Motivation schlägt Emotion! Solltest du dich bei der geringen Selbstkontrolle angesprochen fühlen, dann darfst du dich mit der Tatsache vertrösten, dass du dieser Ursache für Prokrastination meist durch eine Behandlung der beiden erstgenannten Ursachen ein Schnippchen schlagen kannst. Was damit gemeint ist? Wenn du deine Motivation derart stark positiv beeinflusst, dass du an den Erfolg bei der Ausübung glaubst und/oder dich der Aufgabe zugeneigt fühlst, wirst du Impulsen, die dich zum Aufschieben animieren, besser trotzen können.

Selbsttest-Fragen, damit du das richtige Konzept findest:

- ➢ Du gibst verschiedenen Impulsen nach, die dir bei der Durchführung der Aufgabe begegnen und dich ablenken? Konzept 3 ist maßgeschneidert für dich. Aber auch Konzept 2 bietet indirekt gute Ratschläge und Methoden.
- ➢ Es gibt in deinen Augen so viele faszinierende Dinge und Perspektiven, dass es deine Konsequenz beim Verfolgen einer Aufgabe beeinträchtigt? Konzept 4 hilft dir, zwischen mehreren Perspektiven abzuwägen.

> Du bist generell immer energiegeladen und wechselst zwischen verschiedenen Sachen hin und her? Hier empfiehlt sich das Studium der Konzepte 3 und 4.

Ursache 4: Langer Zeithorizont

Stelle dir eine Aufgabe vor, die dir bevorsteht und die du aufschiebst. Vielleicht hast du aktuell eine solche Aufgabe, an der du arbeitest oder eben nicht arbeitest ... Falls nicht, dann denke dir eine Aufgabe aus. Stelle dir nun vor, du müsstest diese Aufgabe fünf Minuten lang machen und sie wäre vorbei. Im Anschluss wäre die Aufgabe komplett abgeschlossen und du müsstest dich dieser Aufgabe überhaupt nicht mehr widmen. Du hättest den Erfolg dann sicher in der Tasche. Würdest du zu diesem Deal „Nein" sagen? Wohl kaum.

Nun ein Gegenbeispiel: Stelle dir vor, du müsstest diese Aufgabe drei Wochen lang jeden Tag fünf Minuten lang machen. Hier wird es schon schwerer. Jetzt ein Blick auf einen zeitlich noch extensiveren Fall: Führe dir vor Augen, dass du die ungewollte Aufgabe mehrere Jahre lang über mehrere Stunden in der Woche durchführen musst. Spätestens jetzt dürfte dir beim Gedanken an diese Aufgabe ein unangenehmer Schauer über den Rücken laufen.

Je länger du deine Motivation aufrechterhalten und Impulsen widerstehen musst, umso schwerer fällt es dir. Dementsprechend sind Aufgaben, die über einen längeren Zeitraum ablaufen, tendenziell häufiger vom Aufschieben betroffen. Voraussetzung hierfür ist, dass der lange Zeithorizont mit einer der anderen bereits vorgestellten Ursachen für Prokrastination verbunden ist.

> **Hinweis!**
>
> Ein langer Zeithorizont ist auch unter anderen Gesichtspunkten kritisch. Nämlich bringt Zeit die Komponente der Unberechenbarkeit mit sich. Bei langfristigen Aufgaben kann keine Person genau sagen, was in der Zwischenzeit an Hindernissen hinzukommt. Auch, wenn du die Aufgabe gern machst und nicht aufzuschieben gedenkst, kann es dennoch zum Aufschieben kommen. Gründe hierfür sind andere Zusatzaufgaben, die eigene Gesundheit oder sonstige Einflüsse, die nicht vorhersagbar sind.

Je länger der mit einer Aufgabe in Verbindung stehende Zeithorizont ist, umso höher sind die Risiken, dass die Aufgabe aus bestimmten Gründen aufgeschoben wird. Dies ist gleich doppelt tückisch. Denn neben den Problemen durch das Aufschieben an sich kommen unvorhersehbare Ereignisse in der Zukunft als potenzielle Ursache fürs Aufschieben hinzu.

Selbsttest-Fragen, damit du das richtige Konzept findest:

- ➢ Du widmest dich grundsätzlich immer entspannt und gemächlich deinen Aufgaben? Schaue mal in Konzept 1 nach, ob es nicht hin und wieder mit etwas mehr Konsequenz und Zielstrebigkeit besser wäre.
- ➢ Andere Personen lenken dich von der bevorstehenden Aufgabe ab und verweisen immer auf den langen Zeithorizont, den du noch hast? Erfahre hierzu Wichtiges in den Konzepten 2 und 3.
- ➢ Aufgrund des langen Zeithorizonts führst du lieber die vielen anderen dir bevorstehenden und dringlicheren

Aufgaben durch? Lerne in Konzept 4, ob es nicht bessere wäre, über feste Priorisierungen und eine Reduzierung der Aufgaben nachzudenken.

Nutzen einer Aufgabe bestimmen – ist Prokrastination angemessen?

Abgesehen von den Ursachen wirken beim Aufschieben weitere Kräfte. Sie sorgen mitunter dafür, dass die Prokrastination mal mehr, mal weniger große Ausmaße annimmt. Wenn es nach Dr. Steel (2007) geht, sind folgende drei Einflussfaktoren präsent: Erwartungen an die Aufgabe, Wert (schätzung gegenüber) der Aufgabe und Hinauszögerung. Gemäß den englischen Begriffen Expectancy, Value und Delay für diese Einflussfaktoren erschuf Dr. Steel die Temporal Motivation Theory (Theorie der temporären Motivation), um die Utility (den Nutzen) einer Aufgabe zu ermitteln.

$$Nutzen = \frac{E \times V}{D}$$

So interessant es sein mag, eine konkrete Formel zu haben, um die Wahrscheinlichkeit für Prokrastination zu errechnen, genauso klar müsste im gleichen Zuge sein, dass sich für all die Einflussfaktoren keine konkreten Zahlen einsetzen lassen, weswegen auch das Ergebnis nicht konkret sein kann. Gewiss ließen sich Modelle anstellen, nach denen durch ein Frage-Antwort-Spiel mit festen Werten für jede Antwort die Zahlen für Erwartungen, Wertschätzung, Hinauszögerung und schließlich Nutzen abgeleitet würden. Aber das Modell wäre kaum allgemein tauglich.

Was du dieser Formel im Idealfall entnimmst, sind lediglich die Zusammenhänge dieser Einflussfaktoren. Jetzt ist es dir möglich, für dich persönlich das mögliche Ausmaß deines

Aufschiebens zu erahnen, um rechtzeitig und besser die in den Konzepten dieses Buchs beschriebenen Maßnahmen einzusetzen.

Was aber sind das im Genaueren für Zusammenhänge, die dieses Modell beschreibt?

- Erwartungen

    Die Erwartungen repräsentieren die Wahrscheinlichkeit, mit der du rechnest, dass du ein bestimmtes Ergebnis erhalten wirst. Negative Erwartungen sind im Grunde genommen nichts anderes als eine geringe Selbstwirksamkeit (siehe Ursachen). Bei niedrigen Erwartungen würde eine geringe Zahl in die Formel eingesetzt.

- Wert

    Der Wert einer Aufgabe bzw. die persönliche Wertschätzung gegenüber der Aufgabe bemisst sich an deiner Auffassung, wie lohnend die Durchführung der Aufgabe ist. Ein hoher Lernfaktor, der wertgeschätzt würde, hätte eine hohe Neigung zur Durchführung der Aufgabe zur Folge. Die Zahl in der Formel wäre hoch. Bei einer geringen Wertschätzung (siehe Aversion gegenüber der Aufgabe unter den Ursachen) wäre die in die Formel eingesetzte Zahl niedrig.

- Verzögerung

    Wie sehr du eine Aufgabe hinauszögerst, hat ebenfalls einen Einfluss auf den Nutzen der Aufgabe. Dieser Wert steht sinnvollerweise im Bruch der Formel im Nenner, weil die Formel ansonsten keinen Sinn ergäbe; Beispiele dazu folgen gleich.

> Nutzen

  Der Nutzen der Aufgabe steht stellvertretend für die Wahrscheinlichkeit des Aufschiebens. Dem zugrunde liegt der Gedanke, dass nützliche Aufgaben nicht aufgeschoben werden. Falls es doch zum Aufschieben kommt, dann nur aus triftigen Gründen. Generell ist bei Aufgaben mit einem hohen Nutzen keine Neigung zur Prokrastination gegeben. Ein geringer Nutzen hingegen führt zur erhöhten Wahrscheinlichkeit fürs Aufschieben.

Drei Beispiele dienen der Errechnung des Nutzens. Dabei sei für die Formel davon ausgegangen, dass mit Skalen von 1 bis 10 gerechnet wird. Dies ist insofern praktisch, als dass die Ergebnisse dann prozentuale Werte sind und eine schnelle Gesamteinschätzung der Aufgabe ermöglichen. Die Zahlen sind in den Beispielen subjektive Schätzungen. Mit solchen Schätzungen wirst auch du rechnen, falls du die Formel nutzen möchtest.

Beispiel 1

Hannes F. hat sehr geringe Erwartungen gegenüber dem Output einer Aufgabe, aber eine hohe Wertschätzung gegenüber der Durchführung, weil er dadurch vorhandenes Wissen wiederholt und festigt. Er geht der Aufgabe ohne Verzögerungen nach. Die Formel könnte wie folgt aussehen:

$$Nutzen = \frac{2 \times 8}{1}$$

$$Nutzen = \frac{16}{1}$$

$$Nutzen = 16 \ (16\%)$$

Beispiel 2

Ina L. erwartet den größten Profit aus der Aufgabe und geht der Aufgabe gern nach, weil es ihr Spaß macht. Sie verzögert die Aufgabe nicht, sondern führt sie immer zum geplanten Zeitpunkt durch. So entsteht die mögliche Formel:

$$Nutzen = \frac{10 \times 9}{1}$$

$$Nutzen = \frac{90}{1}$$

$$Nutzen = 90 \ (90\%)$$

> **Beispiel 3**
>
> Thomas G. hat vernichtend geringe Erwartungen und keinerlei Wertschätzung gegenüber der Aufgabe. Disziplin ist bei Thomas ebenso wenig existent, weswegen er die Aufgabe so lange wie möglich hinauszögert. Die Formel sähe in diesem Extremfall wie folgt aus:
>
> $$\text{Nutzen} = \frac{E \times V}{D}$$
>
> $$\text{Nutzen} = \frac{1 \times 1}{10}$$
>
> $$\text{Nutzen} = \frac{1}{10} \ (0{,}1\ \%!)$$

Wie wir sehen, ist die Formel sehr gut durchdacht. Durch die Verzögerung im Nenner des Bruchs ist gewährleistet, dass hohe bzw. geringe Verzögerungen die gewünschten Auswirkungen auf das Ergebnis hinterlassen. Eine hohe Verzögerung minimiert das Gesamtergebnis und entkräftet gute Zwischenergebnisse aus dem Zähler oben im Bruch (E x V), eine geringe Verzögerung tut genau das Gegenteil. Der Nutzen, wenn man mit der sich anbietenden Skala von 1 bis 10 für die drei Einflussfaktoren rechnet, nimmt als höchsten Wert 100 an, als niedrigsten Wert 1/10. Somit kann das Ergebnis einfach prozentual dargestellt werden.

Geringer Nutzen animiert zum Hinterfragen

Auch ohne das Errechnen in dieser Form mittels konkreter Zahlen aus einer Skala ist es hilfreich, sich die Formel vor Augen zu führen. Denn die Formel führt auf, wie verschiedene Einflussfaktoren zusammenhängen. Wenn du mehrere

Komponenten berücksichtigst, die den Wert eines Einflussfaktors definieren, erhältst du durch diese Formel eine gute Entscheidungshilfe dafür, ob du der Aufgabe oder einer Tätigkeit überhaupt nachgehen solltest.

Mal angenommen, der Nutzen würde derart geringe Werte annehmen, dass er unter 10 Prozent läge. Dies wäre ein nahezu vernichtendes Urteil für die jeweilige Aufgabe. Bestes Beispiel ist eine Verpflichtung in einem Verein, der du nachgehst: Nach einiger Zeit merkst du, dass dieser Verein ziemlich desorganisiert in seinem Wirken ist. Die Arbeit erreicht bei weitem nicht den geplanten Effekt. Noch dazu ist es nicht unwahrscheinlich, dass die Ziele Jahr für Jahr verfehlt werden. Du hast verständlicherweise immer geringere Erwartungen an die Aufgabe, empfindest während der Durchführung keine Wertschätzung, weil der Verein seinem Zweck kaum gerecht wird, und zögerst länger und länger deine Aufgaben hinaus. In diesem Fall ist die Lage eindeutig: Trete aus dem Verein aus. Finde an anderer Stelle einen besseren Verein, in dem du Motivation besser entfalten kannst. In diesem Beispiel ist Prokrastination nichts Negatives, sondern eine wichtige Entscheidungshilfe. Selbst die diszipliniertesten Menschen würden in einem Fall wie diesem mit dem Verein brechen; es sei denn, sie hätten die Chance, den Verein selbst umzukrempeln und nach eigenen Vorstellungen voranzutreiben. Aber hierbei handelt es sich um seltene Ausnahmen.

Die Formel zum Errechnen des Nutzens lässt sich auch auf zwischenmenschliche Beziehungen und den Beruf übertragen. Im Grunde genommen lässt sich die Formel auf sämtliche Bereiche anwenden, in denen du eine Entscheidung treffen und daraufhin Verpflichtungen nachkommen musst.

Erklärung anhand von zwischenmenschlichen Beziehungen

Nun hat es bei zwischenmenschlichen Beziehungen einen faden Beigeschmack, von „Nutzen" zu sprechen. Schließlich sind Freunde, Lebenspartner oder Bekannte nicht dazu da, einem von Nutzen zu sein. In der Tat handelt es sich um einen Begriff, der angesichts der emotionalen Bindung zu diesen Personen fehl am Platz erscheint. Ersetze den Begriff gern durch „Bindung", wenn du möchtest. Sicher hast du schon einmal erlebt, wie sich zwei Menschen auseinanderleben. Eventuell entwickeln sie gegensätzliche Interessen oder schlagen andere Karrieren ein. Der Nutzen der Beziehung zueinander oder die Bindung zwischen den Personen nimmt in diesem Fall ab.

> ➤ Erwartungen: Auch zwischen zwei Menschen können sich die Erwartungen reduzieren. Anfangs hat Partner A noch die Hoffnung, dass sich Partnerin B irgendwann den Geburts- oder Hochzeitstag merkt. Anfangs hat Freundin C die Hoffnung, dass sie Freund D aus dem Drogensumpf heraushelfen kann. Nach Enttäuschungen dieser Hoffnungen sinken die Erwartungen. Mit sinkenden Erwartungen sinkt der Mehrwert einer Beziehung.
> ➤ Wertschätzung: Am Anfang ist in einer Beziehung vieles neu. Da fasziniert nahezu alles, was die Bezugsperson zu bieten hat – vom wundervollen Pianospielen über einen attraktiven Körper bis hin zu dem Geld auf dem Konto (Menschen haben eben verschiedene Anreize dazu, Wertschätzung zu empfinden …). Der Besonderheitswert dieser Dinge reduziert sich nicht selten im Verlauf der Beziehung. Damit geht eventuell Wertschätzung verloren.
> ➤ Verzögerung: Wenn in Beziehungen die Verzögerung, mit der gegenüber der anderen Person Gefälligkeiten oder Pflichten erbracht werden, zunimmt, lässt diese

Art der Prokrastination auf einen verringerten Nutzen der Beziehung schließen. Es beginnt schon bei den einfachsten Sachen, wie wenn z. B. ein Partner der Bitte seiner Partnerin, das Geschirr zu waschen oder den Müll wegzubringen, immer seltener und nur nach längerer Zeit nachkommt.

Prokrastination macht sich in zwischenmenschlichen Beziehungen ebenfalls bemerkbar. Sie ist einer der Faktoren, der über Mehrwerte und Sinn einer Beziehung Auskunft gibt. Nichtsdestotrotz ist bei zwischenmenschlichen Beziehungen einzukalkulieren, dass neben den drei Einflussfaktoren aus der Formel Emotionen wirken. Diese Emotionen lassen an Vergangenes zurückdenken oder Optimismus für die Zukunft mobilisieren. Die Empfehlung ist daher, dass du diese Formel in Beziehungen als Entscheidungshilfe nutzt, indem du die Stärke der Emotionen berücksichtigst. Fühlst du dich emotional stark gebunden, dann breche keineswegs mit der Person, sondern suche nach Wegen und Möglichkeiten, die die Erwartungen, die Wertschätzung sowie den Nutzen anheben und die Verzögerungen zurückgehen lassen.

Bei negativen Emotionen und zugleich einem geringen errechneten Nutzen aus der Formel ist es tatsächlich eine Überlegung wert, ob die Beziehung nicht pausiert oder beendet werden sollte. Welchen Grund, glaubst du, hat es, dass Freunde getrennte Wege gehen, Ehepaare sich trennen und neu hinzugezogene Personen schon nach zwei Wochen keine Lust mehr auf Gespräche mit den Nachbarn haben? Die Formel nennt einige sehr wichtige Gründe.

Beispiel anhand vom Beruf

Über einen geringen Nutzen des eigenen Berufs zu sprechen, ist ein sensibles Thema. Denn schlimmstenfalls erkennst du, dass es an der Zeit ist, den Beruf zu wechseln. Aber wer kann es sich einfach mal eben erlauben, den Beruf zu wechseln?

Die Erwartungen an einen Beruf und die Wertschätzung gegenüber einem Beruf leiten sich maßgeblich aus den bisherigen Erfahrungen, den Perspektiven in der Branche sowie dem Werdegang anderer Kollegen ab. Je besser all diese Faktoren sind, umso höher fallen die Erwartungen aus. Wertschätzung ist ein interessanter Punkt, weil sie der Faktor ist, der mutmaßlich die meisten Arbeitnehmer und Selbstständigen in ihrem Job hält. Ein Großteil der Personen hat keine Perspektive, den Job einfach so zu wechseln. Es wäre häufig mit einem zu großen Aufwand verbunden, weil neben dem aktuellen Job eine Umschulung oder eine Ausbildung gemacht werden müsste. Dieser Aufwand kann derart weit reichen, dass ein Jobwechsel als quasi unmöglich erachtet wird. Somit haben die meisten Personen eine ausgeprägte Wertschätzung gegenüber ihrem Job. Denn er bringt ihnen Geld, das sie zum Leben brauchen. So verwundert es kaum, dass selbst Personen, die ihren Job seit Jahrzehnten nicht komplett mögen, diesen nicht wechseln. Verzögerungen sind ein sehr wichtiges Signal. Denn es gilt folgende Annahme: Selbst eine Person, die ihren Job seit Jahrzehnten verachtet, wird, sofern sie keine Alternative zum Geld verdienen hat, den Aufgaben in der Regel ohne Verzögerung nachkommen. Denn es greifen Automatismen und Routinen, die über die an sich geringe Motivation hinwegreichen. Personen wiederum, die hinauszögern, tun dies meistens, weil sie vom Job nicht komplett abhängig sind. Denn wer würde das Risiko eingehen, seiner Pflicht nicht adäquat nachzukommen, gefeuert zu werden und ohne Job und Einkommen dazustehen? In der Regel nur eine Person, die eine geringe Wertschätzung gegenüber der Arbeit hat, weil Alternativen zu dem jeweiligen Job gegeben sind. Es gibt natürlich auch hierbei Ausnahmen.

Das Beispiel anhand des Berufs veranschaulicht, wie eng mangelnde Wertschätzung und Prokrastination im Beruf miteinander verknüpft sind. Es lässt sich nicht leugnen, dass die Prokrastination in diesem Fall immer der Auslöser für ernste Überlegungen sein sollte: Bin ich in diesem Job überhaupt noch richtig? Was für Perspektiven habe ich, um den Beruf zu ändern? Vor allem: Worin bestehen die Probleme und kann man sie innerhalb des Berufs bzw. beim jeweiligen Arbeitgeber lösen? Im äußersten Fall ist es tatsächlich ratsam, über eine Kündigung nachzudenken. Denn geringe Wertschätzung und Aufschieben der Pflichten führen zu verschlechterten Arbeitsleistungen, die langfristig ohnehin mit höchster Wahrscheinlichkeit zu Konsequenzen durch den Arbeitgeber führen.

Ehrlichkeit dir selbst gegenüber

Nun geht es um einige allgemeine Hinweise zu der thematisierten *Temporal Motivation Theory*. Die gesamte Formel kann nur dann eine Hilfestellung sein, wenn du dir selbst gegenüber ehrlich bist. Ein häufiger Fehler ist u. a., die Eigenverantwortung von sich zu weisen. Wer mit dem Partner abgemacht hat, sich in einem bestimmten Punkt zu bessern und dies nicht tut, wird nicht sagen können, dass die Beziehung am Partner scheitert.

> ### *Beispiel*
>
> Wird der Müll überall liegen gelassen und die Bereitschaft zum Aufräumen sinkt mit der Dauer der Beziehung (siehe Prokrastination), dann wird die Beziehung aller Voraussicht nach an einem selbst scheitern. Die Wahrscheinlichkeit, einen neuen Partner mit der Vorliebe für Unordnung und Dreck vorzufinden, ist derweilen gering. Hier gilt es, sich an die eigene Nase zu fassen. In diesem Fall lohnen sich die folgenden Konzepte, die mehrere Methoden an die Hand geben, um nicht mehr aufzuschieben, sondern sich selbst zu helfen.

Bei der Erörterung dessen, ob Prokrastination ein längst überfälliges Zeichen für eine notwendige Veränderung oder doch eine persönliche Schwäche ist, an der du arbeiten musst, ist die Ehrlichkeit dir selbst gegenüber, eine unfassbar wichtige Komponente. Insbesondere impulsive Personen tun sich nicht leicht dabei, die Schuld bei sich selbst zu suchen. Sie lassen sich von Emotionen und Impulsen steuern und missachten oftmals die rationalen Urteile. Mit etwas zeitlichem Abstand zum Ereignis wird es aber auch impulsiven Menschen gelingen, die eigenen Emotionen hintanzustellen und sich selbst gegenüber Ehrlichkeit walten zu lassen.

Wie aber werde ich mir selbst gegenüber ehrlich? Wie schaffe ich es, mir ein objektives Urteil darüber zu bilden, ob die Prokrastination nun ein Zeichen für notwendigen Wandel oder für einen Fehler von mir selbst ist?

Selbstreflexion ist ein Schlüssel. Dieser setzt voraus, dass du dir an mehreren Abenden Zeit nimmst, die Tage Revue passieren lässt und dich damit auseinandersetzt, wie du dich gefühlt hast und ob du alles richtig gemacht hast. Am Abend hat sich vieles beruhigt und der Tag ist vorbei, sodass Selbstreflexionen nützlich sind. Idealerweise schreibst du deine Empfindungen auf, sodass du sie mehrere Tage später noch nachvollziehen kannst und nicht wieder vergisst. Selbstreflexion sollte möglichst ohne emotionale Bindung verlaufen. Betrachte die Sachverhalte differenziert aus mehreren Blickwinkeln, um zu entscheiden, ob du richtig oder falsch vorgegangen bist.

> **Aufgabe 1**
>
> Nimm dir eine Woche lang jeden Abend etwas Zeit, um über deine Prokrastination/en gründlich nachzudenken. Überlege dabei, ob du bei der jeweiligen Aufgabe mehrere positive Aspekte übersehen haben könntest. Schreibe alles Positive und Negative auf. Sammle über mehrere Abende und prüfe anschließend, ob sich bei dir etwas hinsichtlich Erwartungen, Wertschätzung, Nutzen und Drang zum Aufschieben geändert hat. Möglicherweise bist du anschließend motivierter, der Aktivität nachzugehen, weil du einen größeren Nutzen in dieser siehst.

Die Selbstreflexion funktioniert mal mehr, mal weniger gut. Übung macht den Meister. Nützliche weitere Methoden, um den Grund für deine Prokrastination herauszufinden, sind die folgenden:

➢ Personenbeispiele nutzen

Personenbeispiele sind allem voran im beruflichen Kontext vorteilhaft. Wenn du geringe Karriereperspektiven vermutest, macht es Sinn, wenn du dich über Personen in deinem Unternehmen oder allgemein in der Branche informierst. Wenn sich zeigt, dass mit viel Mühe und Hingabe doch ein beachtlicher Aufstieg auf der Karriereleiter möglich ist, wirst du größere Erwartungen an den Beruf und eine höhere Wertschätzung gewinnen. Du wirst erkennen, dass das Problem nicht in den mangelnden Perspektiven lag, sondern in deiner Unkenntnis. Personenbeispiele lassen sich bei allen Arten von Aufgaben nutzen, um Motivation zu entwickeln. Sogar beim Sport ist der Einsatz denkbar, indem Bilder oder YouTube-Videos von Vorbildern angeschaut werden. Sicher findet sich die ein oder andere Person, die unter nahezu denselben (widrigen) Umständen wie du eine Aktivität begonnen hat und trotzdem erfolgreich wurde.

➢ Unterhaltungen führen

Sobald du über deine Situation Unterhaltungen führst, wirst du zusätzliche Blickwinkel gewinnen. Sicher kennst du die Empfehlung, man solle gewisse Umstellungen oder Herausforderungen zu zweit begehen, weil man sich dann gegenseitig motivieren könne. Hinter Unterhaltungen verbirgt sich dieselbe Intention. Wenn du dein Problem darstellst, wirst du von anderen Menschen hilfreiche Informationen bekommen, die dir neue Sichtweisen auf deine Perspektiven verschaffen und die Wertschätzung steigern. Auch Tipps gegen das Aufschieben erhältst du hier und da von anderen Menschen. Unterhaltungen lohnen sich. Kleiner Tipp, falls es dir unangenehm sein sollte, zuzugeben, dass das Problem dich betrifft: Spreche von dem Problem, als hätte es eine andere Person. Wenn du erzählst, dass ein Freund sich in der entsprechenden Lage befindet, wird es dir leichter fallen, offen über das Thema zu sprechen.

➢ Spieß umdrehen

Drehe den Spieß um, indem du dir vorstellst, was notwendig wäre, damit du der Aufgabe immer zeitnah nachgingest. Was müsste sich tun, damit deine Erwartungen und die Wertschätzung gegenüber der Aufgabe so hoch wären, dass du diese nicht mehr aufschiebst? Stelle dir dabei sogar gern abwegige Szenarien vor, aber verbleibe in einem realistischen

Rahmen. Eventuell stellst du am Ende fest, dass einiges von dem, was sein müsste, bereits vorhanden ist, aber du es bisher missachtet hast. Und vielleicht ist zusätzlich vieles von dem, was du wünschst, möglich, sofern du dich in die Aufgabe ein bisschen reinkniest. Im Extremfall kann es dazu kommen, dass du merkst, dass keine Voraussetzungen der Welt deine Zuneigung gegenüber der Aufgabe steigern könnten. Sollte es so weit kommen, dann ist es ein Zeichen dafür, dass die Prokrastination nur eine logische Folge der tiefgreifenden Abneigung gegenüber einer Aufgabe ist und du die Aufgabe so schnell wie möglich abbrechen und etwas Neues finden solltest.

Aufgabe 2

Widme dich nun den geschilderten Methoden. Führe tagsüber, bevor du die Selbstreflexion machst, eine der drei Methoden durch. Nimm dir je einen Tag für jede der drei Methoden Zeit. Es muss natürlich nicht der komplette Tag sein. Methoden wie der umgedrehte Spieß erfordern eventuell nur 30 Minuten Zeitaufwand, während für Unterhaltungen erstmal mehrere Personen gefunden und anschließend die Unterhaltungen geführt werden müssen. Fakt ist, dass die drei vorgestellten Methoden deine Selbstreflexion bereichern werden. Außerdem wirst du durch die Methoden an sich neue Erkenntnisse gewinnen.

Manchmal liegen die Ursachen bei einem selbst. Insbesondere, wenn du deine bisherigen Erfahrungen im Leben betrachtest, wirst du Indizien dafür entdecken, ob die Aufgabe generell schlecht ist oder du an dir selbst zu arbeiten hast. Ehrlichkeit ist die Basis für eine vernünftige Analyse. **Merke dir**: Es wird keine Beziehung beendet, kein Job gekündigt und keine Aufgabe einfach so verworfen, ohne dass du nicht komplett ehrlich analysiert hättest, was der Grund für Prokrastination ist, ob er berechtigt ist und wie du diesen ggfs. durch eine Veränderung der Blickwinkel entschärfen kannst!

„Procrastinare!" – Das Aufschieben im Wandel der Zeit

Die negative Auffassung, mit der das Wort „Prokrastination" heute genutzt wird, war früher nicht gegeben. „Früher" meint in diesem Fall zwar mehrere Jahrtausende, aber trotzdem erweist sich die alternative Sichtweise als hilfreich. Sie ist dir eine Stütze, um zu bestimmen, in welchen Situationen das Aufschieben für dich von Nutzen ist.

> **Wusstest du schon?**
>
> Seinen Ursprung hat das Wort „Prokrastination" im Lateinischen, nämlich in dem Verb „procrastinare". Erstaunlicherweise ist die ursprüngliche Bedeutung dieses Wortes nicht negativ gemeint. Früher wurde es als ein Zeichen von Weisheit erachtet, etwas aufzuschieben und damit bis zum nächsten Tag warten zu können, sondern zeugte von guter Überlegung. Es ist nicht bekannt, wie es zu der heutigen negativen Bedeutung des Wortes kam.

Früher galt Prokrastination als ein positives Signal. Heute hingegen wird sie negativ aufgefasst. Wie konnte es dazu kommen? Mögliche Antworten liefert der Dokumentarfilm *Zeit ist Geld* (2016), der im deutschen Fernsehsender *arte* lief. Wie der Titel schon vermuten lässt, steht im Vordergrund der Handlung die Zeit. Obwohl Prokrastination nicht das Hauptthema des Dokumentarfilms ist, kommt sie zur Sprache. Tatsächlich besteht nämlich ein enger Zusammenhang zwischen

Prokrastination, Zeit und – in fernerem Sinne, was gleich erläutert wird – Geld. Die Zeit definiert nämlich die Prokrastination. Gäbe es keine Zeit, könnte auch nichts aufgeschoben werden. Als einen vertiefenden Aspekt hast du kennengelernt, dass ein langer Zeithorizont bei ungewollten Aufgaben die Wahrscheinlichkeit fürs Aufschieben steigert.

Wie fügt sich Geld in diesen Kontext ein? Wofür steht Geld überhaupt?

Beschleunigung in heutigen Zeiten sorgt für Probleme

Die Interpretationsspielräume sind weit, werden in dem Dokumentarfilm aber hauptsächlich auf den Kapitalismus und die Globalisierung zurückgeführt. Zudem darf die Digitalisierung als Einflussfaktor nicht außer Acht gelassen werden. Wer die Geschichte der Zeit speziell seit dem Kapitalismus verfolgt, erfährt, dass im Zuge der Industrialisierung und des Kapitalismus die ersten Stempeluhren kamen. Arbeit war seit spätestens diesem Zeitpunkt messbar. Worte wie „Produktivität" und „Optimierung" durchstreiften mehr denn je die Jargons in Fabriken, Unternehmen und sogar der Privatpersonen. Anfang des 20. Jahrhunderts wurde die Universalzeit in Paris festgelegt. Die Zeit war überall messbar. Blickt man weiter in die Zukunft, merkt man mit der Digitalisierung einen Einfluss, der eigentlich mehr Einfachheit und Freiräume schaffen sollte. Aber das ist in der Praxis von Unternehmen bis heute eher nicht der Fall: Anstelle durch die digitalen Möglichkeiten die Leinen für die Angestellten zu lockern, werden die Erwartungen erhöht. Die Digitalisierung geht an privaten Haushalten ebenfalls nicht vorbei. Generell verleiten die neuen Möglichkeiten zu einer höheren Produktivität. Es gerät zunehmend außer Mode, zu entschleunigen. Im Dokumentarfilm wird die Frage gestellt:

„Woher die Zeit für Entspannung und Müßigkeit nehmen, wenn jede Zeit außerhalb der Arbeit als verlorene Minute angesehen wird?"

Karriere. Perspektiven. Optimierung durch Digitalisierung. Gesellschaftliche Tendenzen. All diese Dinge verleiten den Menschen dazu, viele Verpflichtungen auf sich zu nehmen. Vielleicht sind es sogar so viele Verpflichtungen, dass es von vornherein nur über einen begrenzten Zeitraum gut gehen kann? Dies ist eine Frage, die du dir selbst stellen kannst: Gönnst du dir ausreichend Freiräume oder überforderst du dich durch die Menge an Aufgaben? Wäre letzteres der Fall, dann wäre Prokrastination nicht mal ansatzweise verwunderlich. Es wäre eine logische Folge der Überforderung.

Die meisten Menschen haben ein schlechtes Gewissen, wenn sie etwas auf den nächsten Tag verschieben. Ob dieses schlechte Gewissen berechtigt ist, muss in Abhängigkeit der gesamten Belastung beurteilt werden. Mehr denn je scheint es in heutigen Zeiten wichtig zu sein, Prioritäten zu setzen. Nicht „Nein" zu einzelnen Aufgaben oder Tätigkeiten sagen zu können, kann sich mit der Zeit zu einem enormen Problem entwickeln. Konzept 4 wird dir bei diesen Dingen mit einer Fülle an Übungen und der ultimativen Anleitung zu Priorisierungen helfen.

Entschleunigung wirkt Prokrastination entgegen

Erstaunlicherweise steigt mit den letzten Jahrzehnten, in denen der technologische und generelle Fortschritt am höchsten waren, die Menge an psychischen Erkrankungen. Ein interessanter Wandel innerhalb der deutschen Bevölkerung ist im Vergleich zum Anfang der 2000er Jahre zu beobachten: Damals waren es noch die Beschäftigungslosen, die eine überproportionale Häufigkeit von psychischen Erkrankungen aufwiesen. Heute sind es die Angestellten. Die Krankschreibungen aufgrund psychischer Erkrankungen sind hierzulande seit 2006 kontinuierlich angestiegen. Die Arbeitsunfähigkeitsfälle haben von 2006 bis 2016 um 50 % zugenommen, die Menge der Arbeitsunfähigkeitstage in demselben Zeitraum um 80 %. Bei einem tieferen Blick in die Statistiken stellt man fest, dass folgende psychische Erkrankungen im Jahre 2013 bei Angestellten zur Arbeitsunfähigkeit führten:

- Affektive Störungen (u. a. Burnout, Bedrücktheit, Niedergeschlagenheit, gehobene oder reizbare Stimmung, dauerhaft leicht depressive Stimmung, Antriebsverminderung): 46,2 %
- Neurotische, Belastungs- und somatoforme Störungen (u. a. Angststörung, Panikstörung, Zwangsstörung, Panikattacken): 44,9 %
- Störungen durch die Einnahme von Substanzen, die die Psyche beeinflussen: 3,9 %
- Schizophrenie und wahnhafte Vorstellungen: 2,2 %
- Persönlichkeits- und Verhaltensstörungen: 1 %
- Sonstige: 1,9 %

Quelle: Statista

Nach Auskünften des *Ärzteblatts* lag der Anteil der Frühverrentungen im Jahre 2010 bei 36 %. Mehr als ein Drittel der deutschen Rentner ging also früher in Rente als eigentlich vorgesehen! Auch der BKK-Gesundheitsreport von 2018 macht drastische Steigerungen der psychischen Erkrankungen innerhalb der vergangenen 40 Jahre aus.

> **Wusstest du schon?**
>
> In Japan war in den 80er Jahren 40 % der Bevölkerung von einem Burnout betroffen. Das Land rutschte als damalige globale Großmacht in eine Wirtschaftskrise, weil – kaum zu glauben – die Bevölkerung fast nur arbeitete und keinen Urlaub nahm. So kam es kaum zum Konsum in der Bevölkerung, weswegen eine Rezession eintrat.

Was haben die psychischen Erkrankungen mit Prokrastination zu tun?

Vieles. Zuallererst sei festgestellt, dass psychische Erkrankungen Prokrastination fördern. Wer antriebslos, depressiv oder in einer anderweitig psychisch schlechten Verfassung ist, wird stärker dazu neigen, Aufgaben aufzuschieben. In diesen Fällen ist die Ursache für Prokrastination meist dieselbe wie für die Entstehung der psychischen Erkrankung. Du würdest dich wundern, wenn du wüsstest, wie viele der psychischen Erkrankungen lange Zeit unentdeckt bleiben oder sich langsam anbahnen. Unter Umständen führen die Überforderung und zunehmende Prokrastination überhaupt erst zur Entdeckung der psychischen Erkrankung. In jedem Fall musst du dich fragen, ob die Prokrastination nicht durch ein Übermaß an Aufgaben verursacht wird. Falls du derart viele Aufgaben vor dir hast, dass du diese kaum und nur unter allergrößten Anstrengungen bewältigen kannst, musst du Änderungen an deinem Alltag vornehmen. Ansonsten kann es – dies ist absolut ernst gemeint – über kurz oder lang zur Entstehung einer psychischen Erkrankung kommen.

Psychische Erkrankungen fördern aber nicht nur die Prokrastination. Andersrum verhält es sich genauso. Stelle dir vor, du würdest jeden Tag eine sehr wichtige oder mehrere wichtige Sachen aufschieben. Du würdest dann irgendwann zeitlich in eine Bredouille gelangen, alles aufholen zu müssen. Dies ruft aber nicht zwingend psychische Erkrankungen hervor, die sich über einen längeren Zeitraum abzeichnen. Problematisch wird es oftmals, wenn du regelmäßig Dinge aufschiebst. Es kann dazu führen, dass du irgendwann an dir selbst zu zweifeln beginnst. Du fühlst dich schlimmstenfalls minderwertig, obwohl du es gar nicht bist. Noch dazu könnte es sein, dass andere Personen Druck auf dich ausüben und dich permanent daran erinnern, dass du noch etwas zu erledigen hast. Unter Umständen machen sich die Personen sogar über dich lustig. Ein Dominostein setzt den anderen in Gang und so ergibt sich aus anfangs nur Prokrastination ein tiefergreifendes psychisches Problem.

Die Ausführungen sollen dir keineswegs Angst machen. Sie sollen nur verdeutlichen, dass Prokrastination in heutigen Zeiten immer häufiger auftritt. Fast schon analog zu dem Anstieg der psychischen Erkrankungen macht sich eine Zunahme an Dingen bemerkbar, die von verschiedenen Personen in verschiedenen Kontexten aufgeschoben werden. Ein Zusammenhang zu psychischen Erkrankungen kann, muss aber nicht gegeben sein. Die meisten Personen, die sich wegen Aufschiebens Hilfe suchen, sind nicht von einer psychischen Erkrankung betroffen. Aber das Leben ist lang. Damit in den vielen Jahren, die da noch kommen mögen, alles psychisch und von den Lebensplanungen her glatt läuft, ist es vernünftig, sich damit zu befassen, ob Prokrastination nicht die natürliche Folge einer unnötigen Überforderung sein könnte. Erneut sei auf Konzept 4 verwiesen, das dir auch bei diesem Anliegen helfen wird.

Das Wichtigste auf den Punkt gebracht

- Prokrastination entspringt meist einer Unzufriedenheit oder Überforderung.
- Die Unzufriedenheit kann durch eine generelle Abneigung gegenüber einer Tätigkeit, bestimmten Impulsen in Zusammenhang mit der Tätigkeit, einer mangelnden Wertschätzung oder einer geringen Selbstwirksamkeit entspringen.
- Die Überforderung ist eine klassische Folge davon, dass man zu viele Aufgaben übernimmt. Nach Möglichkeit sollten Prioritäten gesetzt und Ruhepausen in den Alltag integriert werden. Andernfalls ist es im schlimmsten Fall sogar möglich, dass sich psychische Erkrankungen manifestieren.
- Wenn eine Aufgabe, Beziehung oder Tätigkeit von geringem Nutzen ist, dann sollte deren Aufrechterhaltung hinterfragt werden. In diesem Sinne ist Prokrastination eine Entscheidungshilfe, um über Änderungen im Alltag zu befinden.
- Immer dann, wenn eine Aufgabe ein Muss ist oder in Zusammenhang mit einer persönlich wichtigen Sache steht, muss gegen die Prokrastination vorgegangen werden.
- Ebenfalls sind Maßnahmen gegen Prokrastination in die Wege zu leiten, wenn kleinste und selbstverständlichste Dinge des Alltags, wie hygienische oder gesellschaftliche Normen, aufgrund der Prokrastination aufgeschoben werden.

Konzept 1 | Reine Einstellungssache: Den richtigen Anfang finden

Die Einstellung beschreibt, welche Meinung du von einer Sache hast. Es sind die Erwartungen gegenüber einer Aufgabe, die du als wichtigen Einfluss für oder gegen das Aufschieben in Kapitel 1 kennengelernt hast. Dieses Kapitel vermittelt dir Erkenntnisse, die deine Erwartungen und somit deine Motivation steigern. Damit du diese Erkenntnisse nachvollziehen kannst, bietet sich die Durchführung der zugehörigen Aufgaben an.

Vorab eine kleine Warnung: Die Erkenntnisse sind Ansichtssache. Du musst nicht darauf pochen, dich in jeder Erkenntnis wiederzuentdecken. Es reicht schon, wenn du der Erkenntnis zustimmst, die Aufgabe dir hilft und du motiviert wirst, der ansonsten aufgeschobenen Pflicht nachzukommen. Es ist durchaus möglich, dass die Erkenntnisse für dich zu simpel sind. Einige der Inhalte in der einen Erkenntnis widersprechen sogar den Inhalten in einer anderen Erkenntnis dieses Kapitels. Dies ist aber nicht schlimm. Denn Ziel der Erkenntnisse ist es, dir Denkanstöße zu geben. Wie du sie nutzt, bleibt ganz dir überlassen.

Erkenntnis #1: Du wirst nie etwas bereuen, sobald du es hinter dich gebracht hast.

Die erste Erkenntnis animiert dich zunächst dazu, dich zu erinnern: Denke zurück an den Punkt, an dem du zuletzt eine wichtige Sache gemacht hast, auf die du keine Lust hattest. Versuche, deine Emotionen und Gedanken zurückzuverfolgen, die du vor der Durchführung der Aufgabe hattest. Unter Umständen wird es akute Unlust gewesen sein. Du hattest möglicherweise eine geringe Motivation. Hinzu kamen tausend andere Gedanken, die dich ablenkten und in Versuchung bringen wollten, etwas anderes zu tun.

Aber was hast du gemacht? Du hast diesen Widerständen getrotzt und die Aufgabe durchgeführt. Du hast dir selbst und eventuell sogar anderen gegenüber einer enormen Willensstärke und ein ausgeprägtes Pflichtbewusstsein bewiesen.

Wie war es während und nach der Durchführung dieser Aufgabe? Anfangs fiel es womöglich gar nicht leicht, dieser Aufgabe nachzukommen, aber ab der Mitte der Durchführung warst du im Flow.

Kann es sogar einfach gewesen sein? Es war plötzlich tatsächlich nicht mehr so schwer, sich der Aufgabe anzunehmen und die Aufgabe mit angemessener Qualität durchzuführen.

Wie hast du dich nach der Durchführung gefühlt? Da waren alle Barrieren auf einmal weg: Du warst erleichtert, stolz, glücklich; ja, sogar frei!

Denke als nächstes an eine weitere Situation, in der du eine Aufgabe gemacht hast, zu der du aus etwaigen Gründen keine Lust verspürtest: Wie waren deine Emotionen vor, während und nach der Durchführung? Sammle in deinen Erinnerungen so viele dieser Situationen wie möglich zusammen, in denen du dich gegen deine inneren Widerstände mit Erfolg gesträubt hast.

> **Meine Erfahrungen**
>
> Mir hat diese Erkenntnis massiv geholfen. Es war bei mir die wohl wirksamste Maßnahme gegen Prokrastination. Früher beneidete ich die Leute, die ihre privaten Ziele hochdiszipliniert verfolgten und Hobby zu Beruf machten oder ihre Diät konsequent durchzogen. Als ich in seltenen Situationen den ansonsten aufgeschobenen Aufgaben nachging, merkte ich, wie gut es mir dadurch ging. Da begriff ich, dass ich vor der Durchführung einer ungewollten Aufgabe vielleicht sogar mein Leben lang Unlust empfinden würde. Aber eines stand auch fest: Nach Durchführung würde der Stolz umso größer sein, die Aufgabe überhaupt gemacht zu haben! Nachdem ich mich eine Woche lang unter größten Anstrengungen durchgehend zur Durchführung aufgeschobener Aufgaben zwang, gelang es mir ab der zweiten Woche, immer wieder diesen Moment zu fühlen, wie ich nach der Aufgabe stolz sein würde. Ich fühlte es und hatte schon vor der Aufgabe ein Lächeln im Gesicht: Heute werde ich es mir beweisen! So fiel es mir mit jedem Mal leichter, mich zu einer Aufgabe zu motivieren.

Mit der ersten Erkenntnis wird dir vor Augen geführt, dass Überwindung nur temporärer Natur ist. Stolz und Zufriedenheit über die Durchführung der Aufgabe hingegen sind langfristig. Gleiches gilt leider auch für das Negative: Wenn du dich gegen die Ausführung deiner ungewollten Pflicht entscheidest, werden Belastung über die noch bevorstehende Erledigung und andere negative Emotionen ebenfalls langfristig sein. Damit du die Einfachheit der Lage begreifst, seien dir die simplen Wahlmöglichkeiten für diese Situation vorgestellt:

1. Du hast die Wahl, mit dir selbst zu hadern und dich gegen die Ausführung der Aufgabe zu entscheiden. Die Folge ist, dass du dich eine kurze Zeit erleichtert fühlst und einer bevorzugten Aktivität nachgehst. Allerdings wirst du bei dieser bevorzugten Aktivität keine maximale Freude entwickeln, weil dich in deinem Unterbewusstsein noch die eine zu bewerkstelligende Aufgabe beschäftigen wird. Wenn du die Aufgabe gar nicht machst, wirst du langfristig unzufrieden sein.
2. Ebenso steht es dir frei, mit dir selbst zu hadern, die Durchführung der Aufgabe zu versuchen und am Anfang abzubrechen, weil dir die Aufgabe nicht liegt. Dies ist immerhin ein Schritt in die richtige Richtung. Probiere, aus dem Versuch Lehren mitzunehmen und mit jedem weiteren Mal ein paar Minuten länger an der Aufgabe dranzubleiben.
3. Die dritte Option ist, dass du dir der Herausforderung bewusst bist, aber an die vielen Male zurückdenkst, in denen du dich bereits überwunden hast und mit Erfolg einer ungeliebten Aufgabe nachgegangen bist. Du erkennst, dass du nach der Durchführung der Aufgabe glücklich und erleichtert sein wirst. Also kalkulierst du großzügig viel Zeit zur Durchführung der Aufgabe ein, schaffst dir eine möglichst einladende Atmosphäre zur Durchführung und bleibst hartnäckig an der Aufgabe dran. Zwischendurch gibt es immer mal wieder Pausen. Lasse dich von nichts und niemandem hetzen. Du kämpfst einen kurzen Augenblick lang mit dir selbst, um dich zu überwinden. Danach erledigst du die Aufgabe und bist nach Erledigung langfristig stolz.

> **Aufgabe 1**
>
> Stelle dir das dritte Szenario in Bezug auf die Aufgaben vor, die du bisher aufgeschoben hast. Visualisiere, indem du dich in einer ruhigen Umgebung hinsetzt, die Augen schließt und mehrere Minuten fühlst, wie du dich mit Erfolg überwindest und nach getaner Aufgabe all die positiven Emotionen dankbar in Empfang nimmst. Wichtig ist: Fühle diese Emotionen richtig! Gib dir größte Mühe, um die Freiheit und Glückseligkeit nach der durchgeführten Aufgabe zu fühlen. Mache diese Übung mehrmals in der Woche oder mehrmals am Tag. Und? Willst du nicht endlich diese Aufgabe anpacken, um die Lorbeeren einzuheimsen und dir zu beweisen, was für eine willensstarke und konsequente Person du bist? Es liegt alles an dir...

Das Vorteilhafte an dieser Erkenntnis Nr. 1 ist, dass sie universeller Natur ist. Sie ist anwendbar auf jede Art von Aufgabe und jede Art von zwischenmenschlicher Beziehung. Visualisierungen, wie in der Aufgabe 1 beschrieben, sind ein mächtiges Mittel, um sich mittels Vorstellungskraft zu motivieren. Du siehst dich am Ziel und fühlst den Erfolg, bevor er erreicht ist. Dadurch machst du dir die Erledigung der Aufgabe attraktiver und steigerst den Nutzen, den du aus der Aufgabe generierst.

Erkenntnis #2: Das Ziel ist Fortschritt, keine Perfektion.

Oftmals verbirgt sich hinter Perfektionismus die Angst, einem Eindruck von sich selbst oder seinen Arbeiten nicht gerecht zu werden. Studenten sind häufig mit diesem Problem konfrontiert, wie die *University of North Carolina at Chapel Hill* feststellt. Einer Prokrastination, die aus dem Streben nach Perfektion resultiert, liegen leider falsche

Gedankengänge zugrunde. Zum einen ist Perfektion nicht durch Wartezeit und Hinauszögerung der Pflicht erreichbar. Zum anderen ist Perfektion an sich ein Begriff, der viel Deutungsspielraum zulässt und meist ein unmögliches Ziel beschreibt.

Auf dem erstgenannten Aspekt, nämlich der kontraproduktiven Wartezeit, liegt nur der Fokus: Offensichtlich hat eine Person aufgrund ihrer bisherigen Leistungen oder sonstigen Gründe das Ziel, eine perfekte Leistung abzuliefern. Die Erbringung dieser Leistung wird aus Zweifeln an der eigenen Kompetenz aufgeschoben. Man beleuchte die Sache logisch: Du möchtest perfekt liefern, aber zweifelst deine Kompetenzen an. Die einzige Lösung in dieser Situation ist, sich die Kompetenzen anzueignen. Dies funktioniert nur, indem du dich so schnell wie möglich dieser Aufgabe annimmst. Die anderen Dinge, in denen du „immer perfekt" bist, bekommst du doch ohnehin sehr gut hin, oder? Wieso ziehst du diese „Kinderspiele" dann großen Herausforderungen vor? Perfektion – und hiermit ergibt sich ein Übergang zu den Deutungsspielräumen – ist wohl kaum bewundernswert, wenn die ganze Zeit nur Herausforderungen gemeistert werden, die dir liegen, oder? Beweise dir wahre Perfektion, indem du dir neue Kompetenzen aneignest und eine unerwartet starke Leistung lieferst!

Nun zum zweiten erwähnten Aspekt, also dem Deutungsspielraum des Begriffs „Perfektion": Perfektionisten übersehen meist, dass es nicht die eine Perfektion gibt. Was für dich perfekt ist, ist es vielleicht für andere Personen nicht. Wenn du arbeitest, studierst oder anderweitig Leistungen erbringst, die von anderen Personen beurteilt werden, bist du zudem den Stimmungsschwankungen dieser Personen bei der Bewertung ausgesetzt. Allgemeine Perfektion existiert nicht. Was umso auffälliger ist, ist die Tatsache, dass auch Personen

Ansehen genießen, die nicht perfekt sind: Sie haben Flecken auf ihrer weißen Weste, aber genießen meist mehr Bewunderung als andere Menschen, die perfekt erscheinen. Denn offensichtlich gab es Hindernisse, die nicht spurlos an diesen Personen vorbeigegangen sind. Aber trotzdem haben die Personen ihren Weg gemeistert. Ist das nicht Bewunderung wert? Ist es nicht gewissermaßen perfekt, wenn eine Person nicht nur die Sachen erfolgreich schafft, die für sie einem Kinderspiel gleichen, sondern auch die deutlichen Herausforderungen, die man ihr im Nachhinein anmerkt?

> *Aufgabe 2*
>
> Überlege dir, was für dich der Begriff „Perfektion" bedeutet. Denke dabei darüber nach, inwiefern Schwächen eine entscheidende Rolle bei der Anerkennung von Leistungen spielen könnten. Ist es möglich, dass du mehr Anerkennung erhältst, wenn du eine Aufgabe bewältigst, bei der jede Person wusste, dass sie dir kaum liegt? Und wäre es nicht absolut beeindruckend, wenn du diese Aufgabe mit einem sehr positiven Ergebnis meistern würdest?

Der Wechsel der eigenen Einstellung ist nicht einfach. Vor allem fällt er dann schwer, wenn du bisher in deinem Leben nur die eine Sichtweise auf den Begriff „Perfektion" kanntest. Aber es lohnt sich, die eigenen Denkweisen umzukrempeln. Du wirst entdecken, dass Perfektion – sofern es sie denn gibt – nicht automatisch Fehlerlosigkeit bedeutet. Letzten Endes machen kleine Fehler sogar sympathisch, weil sie von Menschlichkeit zeugen. Einem selbst verhelfen Fehler und Schwächen, auf dem Boden zu bleiben und nicht abzuheben. Denn wenn jemand abhebt, kann er seine Perfektion verlieren, indem er Herausforderungen unterschätzt und leichtsinnige Fehler begeht.

Erkenntnis #3: Nicht auf Biegen und Brechen, sondern mit Pausen und Etappen.

Die Verhaltens- und Hirnforschungen zeigen, dass zum Erreichen von Zielen das Festlegen von Etappen hilfreich ist. Eine Etappe ist ein Zwischenziel, das abgehakt werden kann: Geschafft. Der weltweit renommierte Verhaltensforscher Gerhard Roth hat in Bezug auf Gewohnheiten einige Thesen aufgestellt, die sich nahtlos auf andere Sachverhalte übertragen lassen. Gerhard Roth führt die Unterteilung des großen übergeordneten Ziels in Etappen als wichtigen Schritt an. Dabei sei es wichtig, die einzelnen Etappen mit Belohnungen attraktiver zu machen. Die Belohnungen sollten abwechslungsreich und förderlich sein. „Abwechslungsreich" meint, dass die Belohnungen nicht irgendwann an Attraktivität und somit auch Nutzen verlieren dürfen, weil häufig von ihnen Gebrauch gemacht wird. „Förderlich" sieht vor, dass die Belohnungen nicht im Gegensatz zu anderen Zielen stehen oder den Fortschritt bei der Ausübung der Aufgabe zunichtemachen.

Aufgabe 3

Es ist nicht bei jeder Aufgabe möglich, aber falls es in deinem Fall machbar ist, dann unterteile nun deine bisher aufgeschobene Aufgabe in mehrere Etappen. Diese Etappen sollten so ausfallen, dass du dich motivierter fühlst, der Aufgabe nachzugehen. Zugleich sollten die Etappen groß genug sein, um Fortschritte zu erzielen. Beispielsweise wirft es keinen Nutzen ab, dass du festlegst, eine Aufgabe täglich 30 Minuten lang auszuüben, wenn du 15 Minuten Zeit brauchst, um dich hereinzuarbeiten. Bestimme also sinnvolle Etappen. Lege für

> den Fall, dass du die Etappe erreichst, Belohnungen fest. Sorge dafür, dass die Dauer der Etappen mit jedem Mal etwas länger wird. So gewöhnst du dich daran, der Aufgabe über einen längeren Zeitraum nachzugehen.

Wenn du an der Aufgabe über einen längeren Zeitraum arbeitest, lohnt es sich, wenn du Pausen in die Durchführung der Aufgabe einbaust. Zwei Stunden am Stück zu arbeiten, ist allgemeinhin nicht zuträglich. Zwischendurch sind Pausen für die Produktivität und zur Prävention von Ablenkung hilfreich. Falls du einen impulsiven Charakter mit wenig Selbstkontrolle hast, wie du ihn als mögliche Ursache für Prokrastination im ersten Kapitel kennengelernt hast, wirst du bestens nachvollziehen können, dass Ablenkung ein hohes Risiko beinhaltet, die Durchführung der Aufgabe abzubrechen. Wie wäre es, wenn du dir diese Ablenkung gestattest, aber nur in bestimmten Zeiträumen? Wäre dies nicht ein herausragender Kompromiss, dank dem du Impulsen nachgeben, aber ebenso hochkonzentriert deiner Pflicht nachkommen könntest?

Eine Top-Technik, um Arbeit an der ungewollten Aufgabe und Pausen unter einen Hut zu bringen, ist die Pomodoro-Technik. Sie funktioniert wie folgt:

1. Aufgabe formulieren (z. B. deine tägliche Etappe).
2. Erste Arbeitsetappe festlegen und Wecker stellen (z. B. 25 Minuten).
3. In dem Zeitfenster gewissenhaft nur dieser Aufgabe nachgehen.
4. Arbeitsstand und Fortschritt bei der Durchführung der Aufgabe vor Augen führen. Eventuell ein paar motivierende Worte an sich selbst richten: „Den ersten Teil habe ich super gemeistert!"

5. Fünf Minuten Pause machen und Wecker stellen. In dieser Pause ist es erlaubt, den Ablenkungen nachzugeben oder sonstige bevorzugte Aktivitäten zu praktizieren.
6. Nach der Pause wieder von vorn beginnen.
7. Vier dieser Zeit-Pausen-Blöcke durchführen und anschließend längere Pause einlegen.

Das wichtige Element hierbei ist der Wecker. Ohne Wecker würdest du zu Abweichungen in der Zeit tendieren. Durch den Wecker hast du ein klares Signal, das dich sofort zum nächsten Schritt der Pomodoro-Technik ruft.

Erkenntnis #4: Mit der unangenehmsten Aufgabe beginnen

Falls du die Wahl hast, empfiehlt sich der Beginn des Tages mit der schwersten Aufgabe. Zu Beginn des Tages hast du noch zahlreiche Stunden vor dir. Dementsprechend fällt das Zutrauen, eine unangenehme Aufgabe erfolgreich zu meistern, größer aus. Zudem ist morgens die Produktivität am größten. Ausgeschlafen und mehr vor dir als hinter dir, fällt der Tatendrang tendenziell groß aus. Die Aussicht, bereits früh am Tag die unangenehme Pflicht erledigt zu haben und dann den kompletten Tag fürs Vergnügen entbehren zu können, wirkt in der Regel beflügelnd.

Aufgabe 4

Versuche, zumindest einen Teil deiner unangenehmen und bisher aufgeschobenen Aufgaben als erstes zu erledigen. Dies muss nicht unbedingt am Anfang des Tages sein, obwohl es sich im Hinblick auf die Produktivität natürlich anbietet. Solltest du Aufgaben bei der Arbeit aufschieben und die Arbeit beginnt erst um

> 14 Uhr, so kannst du die Aufgabe im Regelfall natürlich nicht morgens erledigen. Es geht schlicht und einfach darum, dass du zu Beginn des jeweiligen Aufgabenabschnitts die unangenehmen Pflichten zuerst erledigst. Wie fühlst du dich damit? Beflügelt, weil du das Unangenehmste zu Beginn erledigt und nun alle Freiräume für die angenehmen Sachen hast?

Du weichst durch die Tatsache, dass du die Aufgabe direkt zu Beginn machst, automatisch einem Druckgefühl und einer Schwermütigkeit im Verlauf des Tages aus. Morgens ist die Konzentration zudem höher, weil der Körper nach dem Schlaf erholt ist. Wenn der Schlaf unter optimalen Bedingungen abläuft (Raumtemperatur um die 18 °C, frische Luft, gemütliche Matratze, Dunkelheit aufgrund der verbesserten Ausschüttung des Schlafhormons Melatonin, sechs bis acht Stunden Dauer), sind sogar beste Voraussetzungen geschaffen. Ein stärkendes Frühstück und der Morgenkaffee wirken ebenfalls förderlich. Beim Frühstück sollte darauf geachtet werden, süße Aufstriche und andere zuckerhaltige Speisen zu vermeiden. Denn ja: Auch Zucker schadet der konsequenten Durchführung von Aufgaben. Zuerst wirkt Zucker aufputschend, indem er ins Blut schießt und sofort Energie liefert. Dann fällt der Blutzuckerspiegel rapide hinab und es stellt sich Heißhunger ein. So möchte nun wahrlich niemand in den Tag starten, geschweige denn unangenehme Aufgaben durchführen! Also: Der ideale Grundstein ist es, so schnell wie möglich mit all der frischen Energie die unangenehmen Dinge erfolgreich durchzuführen, um dann Raum für die angenehmen Aufgaben zu schaffen.

Erkenntnis #5: Es gibt keinen Anfang und kein Ende, nur das Tun.

Einige Personen gehen zuerst mit Elan an eine unangenehme Aufgabe heran. Sie nehmen sich fest vor, nicht aufzuschieben. Doch dann kommt die Frage: „Wo soll ich eigentlich anfangen?" Diese Frage macht häufig alle guten Absichten zunichte. Ein motivierender Film, der durch eine wahre Geschichte inspiriert ist, heißt *The Peaceful Warrior – Pfad des friedvollen Kriegers*. Anders als der Titel vermuten lässt, handelt es sich um keinen Kriegsfilm, sondern die Geschichte eines Turners. Der Turner in dem Film hat alles, was man sich in seinem Alter wünschen kann. Bis er tief fällt … Alle Ärzte sagen ihm, dass er mit seiner Knieverletzung, die er bei einem lebensgefährlichen Motorradunfall erlitten hat, nie wieder Sport ausüben können wird. Aber er schafft es dank der Hilfe eines alten Mannes, der ihn langsam zur alten Stärke zurückführt. Der Turner ist, als er vom alten Mann gebeten wird, das Turnen wiederaufzunehmen, komplett von der Rolle: „Ich weiß aber gar nicht, wo ich anfangen soll!?!" Ihn plagen Ängste, Zweifel, der riesige Weg vor sich, die vielen Behauptungen der außenstehenden Personen und weitere Faktoren, sodass er nicht nur zum Aufschieben neigt, sondern komplett ratlos ob der Durchführung ist. Die Worte des alten Mannes sind „Es gibt keinen Anfang und kein Ende, nur das Tun."

Der Künstler Fynn Kliemann animiert in seinem Song *Alles was ich hab'* dazu, „einfach mal" nachzudenken: „Probleme werden später bequemer und danach egal." In seinem Kontext geht es sogar um die generelle Lebenseinstellung.

Die Menschen hätten seiner Ansicht nach nicht viel Zeit zu leben und würden zu wenig daraus machen. Eventuell fühlt die ein oder andere Person, dass das Leben an ihr vorbeizieht. Denn ja: Auch solche Züge kann das Aufschieben annehmen – das kostbare Leben zieht an einem vorbei und die vielen Chancen werden nicht genutzt, weil zu viele Bedenken herrschen. Es wird immer aufgeschoben.

Nutze die Zeit dafür, um an die Situationen zurückzudenken, in denen eine vermeintlich schwierige Aufgabe mit zunehmender Arbeitsdauer leichter wurde. Es gab bereits solche Situationen in deinem Leben, oder? Entweder war das große Tamtam schon nach zwei Minuten vorbei, als du merktest: Es geht doch! Oder aber du hast dich nach wenigen Wochen oder Monaten bereits an eine Sache gewöhnt, sodass dir alle Anfangsschwierigkeiten durch die Routine abgenommen wurden. Häufig hängt die Frage nach dem richtigen Anfang mit einem anderen Problem zusammen: Unsicherheit, Streben nach Perfektion, Ideenlosigkeit aufgrund fehlender Motivation u. Ä. Dabei bestätigt sich eigentlich immer: Je länger du einer Sache nachgehst, umso simpler wird diese. In diesem Sinne kannst du sogar das größte Chaos vor dir haben – du wirst einen guten Anfang machen, sofern du einfach nur beginnst. Packe dir einen Teil der Aufgabe und lege los! Alles andere kommt mit der Zeit. Sicher wirst du aufgrund des fehlenden Plans zu Beginn nacharbeiten und korrigieren müssen, aber dies wird dir am Ende leichter fallen, sobald du den vollen Überblick über die gesamte Aufgabe hast.

> **Aufgabe 5**
>
> Denke an mindestens eine der Aufgaben, die dir überhaupt nicht liegt. Schreibe auf einem Blatt Papier alle Teilaufgaben auf, die diese Aufgabe umfasst. Nun notierst du, sofern eine weitere Unterteilung möglich ist, alle Punkte, die du bei den Teilaufgaben bewerkstelligen musst. Schaue dir am Ende deine Liste an und markiere die Teilaufgaben mit einem Häkchen, bei denen dir eine Idee kommt, wie du direkt starten kannst. Vielleicht hast du sogar auf einige der Teilaufgaben richtig Lust? Mache diese Übung für so viele Aufgaben wie möglich, die du ansonsten aufschieben würdest. Jede in Teilaufgaben oder sonstige kleinere Punkte unterteilte Aufgabe wird dir mehr Möglichkeiten bieten, einen guten Startpunkt zu finden, um einfach zu machen.

Die Aufgabe ist so einfach wie genial: Einerseits unterteilst du die Aufgabe und legst Etappenziele fest. Andererseits zeigst du dir selbst die vielen Einzelschritte auf. Bei einem Überblick über die Einzelschritte kannst du sogar querbeet ohne Ordnung die Teilaufgaben abarbeiten, wenn dir das erstmal hilft. Fange gern am Ende an, wenn dir diese Teilaufgabe gefällt. Es ist deine freie Entscheidung. Du wirst im Zuge dieser Unterteilung der oftmals aufgeschobenen Aufgabe vielleicht sogar feststellen, dass die Aufgabe in ihren einzelnen Teilaufgaben viele Aspekte hat, die dir gefallen.

Um nun zum letzten großen Trumpf dieser Unterteilungsstrategie zu kommen: Dadurch, dass du viele Teilaufgaben erfolgreich bewerkstelligst, tritt ein Synergieeffekt ein. Woraus besteht denn ein großes Ganzes, wie z. B. die vor dir liegende Aufgabe? Aus mehreren einzelnen kleineren Teilen! Diese Teile müssen verbunden werden, was Synergien erfordert. Nun bist du komplett auf der Gewinnerstrecke angelangt: Denn je mehr Teilaufgaben du erledigst, umso mehr werden die Synergien ihre Wirkung entfalten. Dadurch wirst du immer besser und einfacher imstande sein, die gesamte Aufgabe zu bewältigen. In diesem Sinne darf ich dir nochmals Fynn Kliemanns Worte ins Gedächtnis rufen: „Probleme werden später bequemer und danach egal."

Genauso werden dir die Aufgaben später – also Schritt für Schritt – bequemer, bis sie danach unwichtig sind, weil du alle erforderlichen Kniffe draufhast und die gesamte Aufgabe kein Problem mehr ist. Aber um so weit zu kommen, ist ein gescheiter Anfang notwendig. Picke dir eine der vielen Teilaufgaben heraus und mache sie einfach. Alles andere kommt von selbst. Starte mit der Teilaufgabe, bei der du schnell vorankommst.

Das Wichtigste auf den Punkt gebracht

- ➢ Wenn du dir vor Augen führst, wie froh du nach Bewerkstelligung deiner Pflicht sein wirst, steigt deine Motivation. Nutze deine Vorstellungskraft. Bündele dabei vor allem die positiven Emotionen, die du nach der erledigten Aufgabe haben wirst. Denke auch an Momente zurück, in denen du nach der Erfüllung einer unangenehmen Pflicht erleichtert warst. **Im Nachhinein bist du immer stolz!**
- ➢ Perfektionismus in seiner offiziellen Definition von Fehler- und Makellosigkeit ist nicht erreichbar. Außerdem ist ein Perfektionismus, der nur aus der Erfüllung leichter Herausforderungen besteht, weniger bewundernswert. Wenn du dir stattdessen Fortschritt zum Ziel setzt, wirst du Angst vor der Aufgabe verlieren und deine Kompetenzen erweitern.

➢ Schwierige Aufgaben werden bestenfalls mit einem klaren Plan angegangen. Die Gefahr, bei Eile die Aufgabe mit einer schlechten Qualität durchzuführen oder an der Aufgabe zu „zerbrechen", ist groß. Ein Plan mit Pausen und Etappen zur Erledigung der Aufgabe ist hilfreich.

➢ Wenn der Tag beginnt und die Produktivität am größten ist, startest du im Idealfall mit der unangenehmen und aufgeschobenen Pflicht. Deine Ressourcen sind zu Beginn des Tages am größten und fördern deine Disziplin.

➢ Oft stellt sich heraus, dass, wenn eine ungewünschte Aufgabe eine Zeit lang konsequent gemacht wird, sie doch nicht so schwer ist wie gedacht. Deswegen ist es hilfreich, überhaupt erst einmal anzufangen. Sollte noch kein Plan stehen, dann fängst du einfach mit dem leichtesten Teil der unangenehmen Aufgabe an. Sobald der Anfang geschafft ist, schwinden mit zunehmender Durchführung die anderen Probleme.

Konzept 2 | Selbstwirksamkeit: Überzeugung vom Erfolg

Dieses Kapitel ist allen Personen von Nutzen, die Zweifel an ihrem Erfolg haben und deswegen Aufgaben aufschieben. Du arbeitest an der Steigerung deiner Selbstwirksamkeit. Neben Personen, die an einem allgemein geringen Selbstvertrauen leiden, ist dieses Kapitel ebenso für die Perfektionisten hilfreich. Wer Aufgaben nicht anpackt, weil er daran zweifelt, seiner persönlichen Vorstellung von Perfektion gerecht zu werden, benötigt mehr Zuversicht. Eine mangelnde Selbstwirksamkeit kann sogar bei den selbstbewusstesten und kompetentesten Personen auftreten. Die Ursache hierfür sind externe Faktoren. Weil selbstbewusste Personen mit Fachkenntnissen in Bezug auf die Aufgabe in ihrem Inneren kaum einen Zweifel hegen, sind die einzigen möglichen Ursachen für plötzlich auftretenden Mangel an Überzeugung externer Natur, wie z. B. ein Umfeld, das immer wieder die negativen Seiten einer Aktivität betont. Wird der Teufel an die Wand gemalt, entsteht das Risiko, dass die eigentlich maßgeschneiderte Aufgabe plötzlich aufgrund von Zweifeln aufgeschoben wird.

Mangelndes Selbstbewusstsein.

Fehlende Überzeugung.

Negativ stimmendes Umfeld.

Diese und weitere Einwirkungen müssen behandelt werden, um die Wahrscheinlichkeit zur Durchführung einer Aufgabe zu steigern. Es geht in diesem Kapitel aber nicht nur um eine bloße Durchführung. Dein Ziel ist, dass du die Aufgabe so überzeugend wie möglich bewerkstelligst. Aber wie ist es möglich, bei mehreren negativen Einflüssen Überzeugung vom Erfolg und somit eine hohe Selbstwirksamkeit zu aktivieren?

Der einfachste Weg sind eigene positive Erfahrungen. Klar: Wenn du schonmal gesehen hast, dass du zu etwas imstande bist, hast du eine größere Überzeugung. Je häufiger dies eintritt, umso unerschütterlicher wird deine Überzeugung. Hast du Hunderte oder Tausende Male eine Aufgabe erfolgreich durchgeführt – diese Zahlen sind übrigens in Bezug auf einige Aufgaben absolut realistisch –, dann wird dir niemand auf die Schnelle deine Überzeugung nehmen können. Der Glaube an Erfolg wird riesig sein. Deine Selbstwirksamkeit wird sich schließlich auf einem hohen Level befinden.

Aber was passiert, wenn die eigenen Erfahrungen fehlen? Vor allem neue Herausforderungen stellen Personen mit Selbstzweifeln oder einem negativ eingestellten persönlichen Umfeld vor Ungewissheiten. Wenn du etwas Neues bewerkstelligen musst oder positive Erfahrungen fehlen, dann brauchst du Methoden. Vier Methoden mit dazugehörigen Übungen hält dieses Kapitel für dich bereit.

Methode #1: Lerne am Modell.

Das Modelllernen nach dem Wissenschaftler Bandura ist unter diversen Bezeichnungen bekannt: Nachahmungslernen, Vorbildlernen, Beobachtungslernen, Imitationslernen u. v. m. Teilweise lassen sich Unterscheidungen zwischen diesen Bezeichnungen ausmachen, die aber weder für den Psychologen Bandura noch für diesen Ratgeber relevant sind.

Beim Modelllernen wird ein bereits vorhandenes Modell genutzt, um an diesem zu lernen. Das Modell muss nicht zwingend anwesend sein. Videos, Geschichten, Nachrichtenbeiträge, Zeitungsartikel und weitere Quellen fürs Modelllernen sind möglich. Die größte Wirksamkeit mit dem besten Lernprozess erreichst du dann, wenn du dir Videos anschaust. Denn Videos zeigen dir bewegte Bilder, in denen du Abläufe, Emotionen und zahlreiche weitere Impressionen gewinnst, die es dir vereinfachen, dich für das Modell zu begeistern. Modelllernen kann sowohl im Positiven als auch im Negativen erfolgen. Wenn man es mit den Worten von Karl Valentin sieht („Wir brauchen unsere Kinder nicht erziehen, sie machen uns sowieso alles nach."), dann stellt man fest, dass vor allem Kinder am Modell lernen. Das Modell der Eltern hat so manch ein Kind hervorgebracht, das die Hemmungen seiner Eltern in Bezug auf Kontaktfreudigkeit oder andere Aspekte adaptierte. Hier wirkt das Modelllernen negativ. Umgekehrt gab es reichlich Kinder, die die Disziplin ihrer Eltern zum einen Teil durch eine strikte Erziehung gelernt, zum anderen Teil durch eigene Beobachtungen adaptiert haben.

Wichtig für ein erfolgreiches Modelllernen ist zuallererst, dass du damit keine komplexen Sachen lernst. Schlittschuhlaufen ohne praktische Übungen allein am Modell zu üben, ist unmöglich. Demgegenüber stehen weniger komplexe Dinge, wie das Schlagen von Nägeln in die Wand und die Erstellung einer Gliederung für eine Hausarbeit. All diese Dinge lassen sich anhand eines Modells gut lernen. Sichergestellt sein muss, dass es Aufnahmen vom Modell gibt. Ohne Video-Aufnahmen oder zumindest Texte – wobei hier eindeutig für die Video-Aufnahmen plädiert werden muss – ist das Modelllernen kaum nützlich.

Dein Vorteil ist, dass du reichlich Videomaterial findest, wenn du das Stoppen des Aufschiebens am Modell lernen möchtest. YouTube ist dein Trumpf: Das beliebteste soziale Netzwerk für Videos lässt wohl kaum ein Thema vermissen. Zwei Wege führen dich zu den richtigen Videos: Entweder du gibst den Suchbegriff „Aufschieben stoppen" und eng verwandte Suchbegriffe in der Suchmaske ein oder du trägst direkt deine Aufgabe ein, die du durchführen möchtest. Wichtig in Verbindung damit ist, dass du diese Aufgabe so eingibst, dass YouTube dir Videos mit Anleitungen vorschlägt: Also nicht „frühes Aufstehen aufschieben stoppen", sondern „früh aufstehen Tipps" oder „früh aufstehen Anleitung". Bei einigen Themen wirst du länger suchen müssen, bei anderen kürzer. Aber Modelle wirst du definitiv finden. Nutze zudem die Macht der Spielfilme und Serien: Wenn du einen beliebten Seriencharakter oder Filmcharakter hast, der als Modell gegen deine Aufschieberitis taugt, schau mal des Öfteren rein!

Wir haben im ersten Kapitel gelernt, dass der Mangel an Überzeugung vom Eintreten des persönlichen Erfolgs eine der Hauptursachen fürs Aufschieben sind. Auch Perfektionisten sind davon betroffen. Dieser Mangel an Überzeugung wird als geringe Selbstwirksamkeit bezeichnet. Selbstwirksamkeit kann durch das Beobachten von Personen, die eine Aufgabe bewältigen, entwickelt werden. Am besten funktioniert dies, wenn du gegenüber der jeweiligen Person eine positive oder neutrale Einstellung hast und die Person die Aufgabe unter denselben oder schlechteren Bedingungen als du bewältigt. Ein Beispiel für letzteres: Mal angenommen, du findest in den sozialen Medien ein Video von einer Person, die ohne Hände Kraftsport praktiziert. Und? Was gibt es jetzt noch für Ausreden, nicht mit dem Sport anzufangen? Sicher nicht die Ausrede, man selbst könne keinen Erfolg haben ... Ein Beispiel, an dem jederzeit und in jedem Kontext gelernt werden kann, ist Stephen Hawking: Reichlich Videomaterial, ein Dokumentarfilm, schriftliche Überlieferungen und diverse Eindrücke von Menschen auf der ganzen Welt dienen als Modelle, die zeigen, wie ein ab seinem jungen Erwachsenenalter an den Rollstuhl gefesselter und sprachlich zunehmend eingeschränkter Mensch einer der bedeutendsten Wissenschaftler unserer Zeit, reich und weltweit bekannt wurde. Welche Ausrede gibt es nach diesen Beispielen für dich, überhaupt etwas aufzuschieben? Suche dir im Idealfall Modelle, die unter den allerschlechtesten Bedingungen starten, aber dennoch die Aufgaben bewältigen, vor denen du dich sträubst und die du aufschiebst.

Phasen des Modelllernens

Das Modelllernen besteht aus vier Phasen. Einen wichtigen Teil davon bilden die Verstärkungs- und Motivationsprozesse während der Durchführung oder danach. In Banduras Sichtweise ist Lernen keine Reaktion auf die Umwelt (z. B. man beobachtet ein Geschehnis und stellt fest, dass man diesbezüglich lernen muss), sondern ein aktiver Beobachtungsprozess. Dies bedeutet, dass man bei anderen Personen eine bestimmte Durchführung beobachtet und beschließt, sich diese anzueignen. Modelllernen kann auch passiv erfolgen, indem Beobachtungen getätigt werden, ohne eine Sache lernen zu wollen. Dann aber entwickelt sich ein latentes Wissen; also ein Wissen, das vorhanden ist, aber nicht abgerufen wird, weil die eigene Bereitschaft dazu fehlt. An Bereitschaft sollte es dir nicht mangeln, schließlich möchtest du das Aufschieben gern freiwillig beseitigen und bist lernbereit.

- ➢ Phase 1 – Aneignungsphase: In dieser Phase konzentrierst du dich genau auf das Modell. Was es macht, wie es das macht und wie es sich motiviert, wird aufmerksam beobachtet. Je größer deine Bereitschaft zum Lernen und dein Wille sind, das Aufschieben zu stoppen, umso aufmerksamer wirst du sein.
- ➢ Phase 2 – Behaltensprozesse: Speichere das beobachtete Verhalten so gut wie möglich in deinen Gedanken ab. Je mehr du von dem Verhalten behältst und

je stärker es mit allem Drum und Dran in deinen Gedanken verwurzelt ist, umso wahrscheinlicher wird der Abruf des Gelernten.
- ➢ Phase 3 – Reproduktionsprozesse: Du machst das Verhalten nach. Entweder tust du es zur Übung oder direkt in der Situation. Auf Basis der Behaltensprozesse wird das Verhalten des Modells reproduziert, wobei auch kleine Schritte (z. B. die Erledigung eines Teils der aufgeschobenen Aufgabe) zielführend sind.
- ➢ Phase 4 – Ausführungsphase mit Verstärkungs- und Motivationsprozessen: Durch eine Verstärkung und Motivation zur Praxis des Gelernten (z. B. aufgrund von motivierenden Worten durch andere Personen oder Eigenlob) wird ein Anreiz geschaffen, das Gelernte regelmäßig bzw. dauerhaft umzusetzen.

Das Modelllernen ist nicht gleichzusetzen mit der Suche und Beobachtung eines Vorbilds. Es beinhaltet zwar diesen Arbeitsschritt, aber besteht aus mehreren weiteren Punkten. Man merkt bis ins Detail, dass es sich um ein psychologisches Modell handelt. Von einem professionellen psychologischen Modell darfst du dir berechtigterweise einen großen Effekt erhoffen. Führe dir die wichtigen Punkte vor Augen, die dich das Modelllernen zusätzlich zum Suchen und Beobachten eines Modells lehrt: Aufmerksamkeit, Einprägen / Merken, Verstärkung, Motivation. All das sind wichtige Teile des großen Ganzen.

Aufgabe 1

Mit all den wichtigen Hinweisen suchst du dir nun für jede einzelne Aufgabe, die du aufschiebst, mindestens ein Modell, das es besser macht. Schiebst du nur eine Pflicht immer vor dir her, brauchst du nur ein Modell. Bei mehreren verschiedenen Pflichten kommt mehr Arbeit auf dich zu, weil du dir mehr Modelle suchen musst.

> Beobachte das Modell in möglichst vielen Videos. Stelle sicher, dass es in ungefähr genau derselben Verfassung mit genau denselben Herausforderungen oder in einer schlechteren Verfassung startet, damit die Beobachtungen deine Aufmerksamkeit fangen. Schreibe dir alle Dinge auf, die das Modell richtig macht. Durch das Aufschreiben und regelmäßige Lesen merkst du dir die Mittel besser, mit denen das Modell und voraussichtlich auch du gegen die inneren Widerstände ankämpfen können. Lege kleine Belohnungen fest, mit Hilfe derer du den Motivations- und Verstärkungsprozess förderst. Widme dich der Arbeit am Modell für jede aufgeschobene Aufgabe mindestens eine Woche lang täglich. Lerne am Modell, setze um und prüfe, inwiefern es dir hilft.

Motivation ist das A und O

Motivation entscheidet darüber, ob das Modelllernen dich wirklich voranbringt oder in die Kategorie „Latentes Wissen" fällt. Latentes Wissen bedeutet, dass du wohl etwas gelernt hast, aber es nicht komplett zu dir durchdringt. Es fehlen die Anreize, das Wissen in die Tat umzusetzen. Für dich würde dies bedeuten, dass es beim Aufschieben der Aufgabe verbliebe und keine Besserung einträte. Ein Grund für mangelnde Motivation ist dann gegeben, wenn das Modell unter günstigeren Voraussetzungen startet. Zu einem Witz verkommt das Modelllernen dann, wenn du von einem Modell lernst, das eine Aufgabe sowieso perfekt beherrscht. Für eine Person, die 20 Jahre lang in der Bundeswehr war, täglich um 5 Uhr aufstehen und Morgensport machen musste, ist das frühe Aufstehen ein Klacks. Häufig kommt es bei solchen Modellen zum Problem, dass deine Hemmungen nicht nachvollzogen werden können und die Ratschläge keinerlei Wirkung haben.

→ **Lehre 1 für mehr Motivation am Modell**: Eine große Motivation ist über die Identifikation sichergestellt. Je besser du dich mit einem Modell in dessen Lage identifizieren kannst, umso einfacher ist es für ich, die Motivation zu entwickeln, das am Modell Gelernte umzusetzen.

Ferner sind weitere Informationen über das Modell ein nicht zu unterschätzender Einfluss auf die Motivation. Solltest du z. B. herausfinden, dass der Karrieremensch als dein ausgesuchtes Vorbild all seine beruflichen Ziele verwirklichte, aber dafür einsam war und ein misslungenes Familienleben verzeichnete, wird deine Überzeugung und damit die Motivation bröckeln. Solche Modelle sind nicht für das Modelllernen hilfreich, aber haben dafür einen anderen Nutzen: Anhand dieser Modelle, die ihr Familienleben der Karriere untergeordnet oder in einem anderen Kontext Prioritäten zu Ungunsten anderer Wünsche gesetzt haben, lernst du besser, über die Richtigkeit deiner Ziele zu entscheiden. Stichwort: Wie groß ist der Nutzen der Aufgabe? Ist Prokrastination angemessen, logisch und sollte ich die Aufgabe abbrechen (siehe: Kapitel 1)? Aber weiter im eigentlichen Text: Was zum Ausdruck gebracht werden soll, ist die Wichtigkeit des sonstigen Werdegangs des Modells. Wurde das Modell durch die Durchführung der Aufgabe zufrieden und hatte ein erfülltes Leben oder eine gute Belohnung für die Durchführung, so wirst du eine größere Überzeugung und Motivation erlangen, es dem Modell gleichzutun.

→ **Lehre 2 für mehr Motivation am Modell**: Bevorzuge Modelle, die neben der erfolgreichen Durchführung einer Pflicht zusätzlich langfristig einen Profit aus der Durchführung erzielen konnten. So wirst du den Verstärkungsprozess bei der Durchführung fördern.

> ### Hinweis!
>
> Das Modelllernen kann auch umgekehrt erfolgen. Indem du an einem Modell siehst, wie sehr dir etwas schadet, setzt du alles daran, es besser zu machen. Extrem erleben es beispielsweise Kinder von Alkoholikern, wenn sie auf dem Weg in die Toilette plötzlich in den Urin ihres Elternteils treten, weil der Elternteil „nicht treffen" konnte. Gewalt infolge von Alkoholkonsum, Unfälle und weitere radikale Erlebnisse hinterlassen ebenfalls einen derartigen Eindruck, dass das negative Modell zu einem positiven eigenen Verhalten führt. Daher lässt sich in Gesprächen mit Kindern von Alkoholikern öfters feststellen, dass diese aufgrund des negativen Modells im Elternhaus keinen Tropfen Alkohol bis ins hohe Erwachsenenalter angerührt haben. In diesem Sinne erweist es sich als ein interessanter Ansatz, sich ein negatives Modell auszusuchen. Wenn du hart im Nehmen bist, entscheidest du dich für ein extremes Modell, um dir den Ernst der Lage genau vor Augen zu führen. Grundsätzlich sind positive Modelle zielführender.

Entweder funktioniert Radikalität beim Modelllernen oder sie schlägt ins Gegensätzliche um. Beginne deswegen am besten immer mit Modellen, die dir als ein moderates Beispiel dienen. Wenn diese Beispiele keinerlei Wirkung zeigen, dann kannst du gern auf ein radikaleres Modell umsteigen. Jede Person ist sich selbst der beste Lehrer. Sei mutig, die Modelle zu erforschen und das richtige für dich zu entdecken. Schüchtere dich anfangs auf keinen Fall durch ein zu strenges Modell ein.

→ **Lehre 3 für mehr Motivation am Modell**: Die Disziplin, Konsequenz und sonstigen Lehren, die dir das Modell vorlebt, sollten auf keinen Fall dadurch entmutigen, dass sie für dich anfangs kaum umsetzbare Ausmaße annehmen. Wähle ein Modell, mit dem du Schritt halten kannst.

Methode #2: Trickse deinen Körper aus.

Albert Banduras Feststellung, dass physiologische Zustände eine Quelle für die Selbstwirksamkeitserwartung sind, führt uns zur zweiten Methode. Die Physiologie beschreibt Funktionen und Abläufe im Körper. In Zusammenhang mit den Erwartungen an eine Aufgabe finden immer physiologische Abläufe statt. Einige sind derart tief im Menschen verborgen, dass wir bei deren Eintreten den Körper nicht austricksen können. Ein Beispiel hierfür sind Hormonausschüttungen, die dazu führen, dass wir mit starker Unlust auf eine Aufgabe blicken oder Stress beim Gedanken an die Aufgabe empfinden. Als Folge schieben wir eventuell auf. Wie erwähnt, lässt sich der Körper in diesen Situationen nicht austricksen – oder doch?

In dieser Methode Nr. 2 werden Abläufe vorgestellt, bei denen wir den Körper doch austricksen können. Hierzu gehören verstärktes Herzklopfen, Zittern, weiche Knie, Schweißbildung (vor allem feuchte Hände) und ähnliche Symptome, die du direkt fühlen und identifizieren kannst. Es geht in Methode 2 also um offensichtliche und meist nach außen hin erkennbare Signale des Körpers. Dein Körper gibt diese Signale als Reaktion auf etwas ab. Es ist anzunehmen, dass dein Körper diese Signale abgibt, weil er Unbehagen in Gedanken an eine bevorstehende ungewollte Aufgabe verspürt.

Die genannten Beispiele für physiologische Zustände, also verstärktes Herzklopfen usw., hast du in deinem Leben bereits in zahlreichen Situationen erlebt. Gewiss treten diese Symptome nicht nur beim Gedanken an eine ungewollte Aufgabe ein. Sie manifestieren sich auch dann, wenn dir etwas Positives bevorsteht. Du merkst, dass dieselben körperlichen Abläufe, die beim Gedanken an eine ungewollte Aufgabe auftreten, sich auch bei positiven bevorstehenden Dingen bemerkbar machen können. Und noch etwas: Wie viele ungewisse, schwierige oder brenzlige Situationen, in denen du zuvor schweißnasse Hände hattest, sind für dich letzten Endes positiv ausgegangen?

Du hast also mindestens zwei Anker, mit deren Hilfe du deinen Körper austricksen kannst: Zum einen kannst du die physiologischen Zustände mit positiven Emotionen auf Basis deiner positiven Erfahrungen besetzen, zum anderen kannst du die physiologischen Zustände durch positive Erfahrungen in negativen Situationen entschärfen. „Anker" ist hierbei das Stichwort, das dich direkt zur Praxis mit einer weiteren Aufgabe führt.

Beim Neurolinguistischen Programmieren (NLP) gibt es eine Methode, die sich Ankern nennt. Sie wurde dazu geschaffen, um in negativen oder schwierigen Situationen positive Ressourcen im eigenen Körper quasi auf Knopfdruck hervorzurufen. Das NLP selbst ist eine Ansammlung psychologischer Strategien, Methoden und Vorgehensweisen, die in den 70er Jahren von John Grinder und Richard Bandler durch die Beobachtung der erfolgreichsten Psychotherapeuten zusammengetragen wurden. Obwohl einige Kernthesen mittlerweile widerlegt wurden, kommt das NLP in diversen Gebieten zum Erreichen verschiedenster Zwecke zum Einsatz. Was auch immer dich von der Ausführung einer Aufgabe abhält – ob Angst, Streben nach Perfektion, mangelnde Attraktivität der Aufgabe, negative Erfahrungen bei den bisherigen Versuchen –, das NLP liefert Wege und Mittel, um die Herausforderung zu meistern. Eine der

Methoden im NLP, die sich am flexibelsten zur Lösung verschiedener Probleme einsetzen lässt, ist das Ankern. Der Grundgedanke hinter dem Ankern ist, dass du immer dann, wenn du in die Situation kommst, in der du keine Lust oder Angst vor der Aufgabe hast und sie aufzuschieben drohst, den Anker setzt, um eine andere Stimmung in dir hervorzurufen. Denn während deiner Übungen konditionierst du dich darauf, dich durch den Einsatz des Ankers positiv zu fühlen.

> ### *Aufgabe 2*
>
> Ankere! Wähle den physiologischen Zustand (Zittern, verstärktes Herzklopfen o. Ä.), der bei Konfrontation mit der ungewollten Aufgabe bei dir auftritt. Denke an die vielen Fälle mit positivem Ausgang, in denen du denselben physiologischen Zustand empfunden hast. Schließe deine Augen und denke genau an die jeweiligen Situationen mit Fokus auf die positiven Momente. *Fühle* diese Momente nach. Jetzt kommt das Wichtige: Setze vor dieser Übung einen Anker. Ein Anker sollte immer unauffällig sein. Du kannst dezent und leise mit den Fingern schnipsen, die Zehenspitzen anspannen oder kurz mit den Augen zwinkern. Wichtig ist, dass der Anker keine Aufmerksamkeit erregt. Denn so ist er immer einsetzbar. Mit Setzung des Ankers begibst du dich in deine positive Auffassung des jeweiligen physiologischen Zustands. Übe diesen Anker mehrmals täglich jeweils einige Minuten lang über mehrere Wochen.

Übung macht den Meister, weil sie die angestrebte Konditionierung hervorruft. Wenn du dich daran gewöhnst, bei den jeweiligen physiologischen Zuständen positiv zu denken, dann entwickelt sich ein Automatismus im Gehirn. Automatismen sind im Gehirn fest verankert und vereinfachen unsere Tagesabläufe. Es gibt sowohl positive als auch negative Automatismen. Ein negativer Automatismus ist, beim aufkommenden Gedanken an die bevorstehende Aufgabe ein Herzklopfen zu vernehmen, Angst zu bekommen und die Aufgabe zu verschieben. Ein positiver Automatismus ist, beim aufkommenden Gedanken an die bevorstehende Aufgabe ein Herzklopfen zu vernehmen, auf Basis positiver Erfahrungen mit Herzklopfen in deinem Leben das positive Gefühl der Vorfreude zu ankern, die Aufgabe mit mehr Zuversicht zu betrachten und vielleicht sogar auf Anhieb komplett zu schaffen.

Zuletzt sei darauf hingewiesen, dass du deinen Körper mit vielen positiven Emotionen austricksen kannst. Es existiert kein physiologischer Zustand, der sich nicht auf Basis deiner bisherigen Erfahrungen mit positiven Emotionen besetzen ließe. Hier einige Beispiele:

- schweißnasse Hände: Nervosität vor dem Vorstellungsgespräch, bei dem du jedoch den Arbeitsplatz absolut überzeugend und einfach ergattert hast
- Zittern: Kälte bei dem Ausflug in die Antarktis, der durch die Begleitung der Familie und/oder besten Freunde und vielen Sehenswürdigkeiten ein Highlight deines Lebens ist
- weiche Knie: Unsicherheit vor einem wichtigen Auftritt vor dem Publikum, für den es anschließend unglaublich viel Lob und Bewunderung gab

Diese Ideen sollen dich nur inspirieren. Du findest in deinem Leben reichlich positive Emotionen, die du ankern kannst. Je erfolgreicher – Stichwort: regelmäßige Übung – du das Ankern beherrschst, umso stärker wirst du selbst in den allerschwierigsten Situationen die positiven Emotionen ankern, wenn der jeweilige physiologische Zustand eintritt. Dies wird im Unterbewusstsein deine Erwartungshaltung gegenüber der Aufgabe erhöhen, deine Zuversicht stärken und so zu einer höheren Selbstwirksamkeit beitragen.

Methode #3: Lasse dich von anderen Menschen überzeugen.

Einmal Bandura noch, dann ist Schluss. Der Psychologe führt die soziale Überzeugung als eine Quelle für Selbstwirksamkeitsempfinden an. Laut Bandura führe die soziale Überzeugung zu mehr Vertrauen in die eigenen Fähigkeiten. Ferner gilt die in diesem Ratgeber aufgestellte These, dass der Kontakt zu Mitmenschen auch dann hilfreich ist, wenn Zutrauen in die eigenen Fähigkeiten vorhanden ist, aber Antrieb fehlt. Andere Menschen können weitreichende Wirkung auf das menschliche Handeln entfalten.

Sympathien und Vertrauen

Hattest du nicht auch einmal Sympathien für diesen einen Menschen, den du um jeden Preis beeindrucken wolltest? Wenn du es falsch gemacht hast, hast du dich verstellt, aber immerhin – das ist das Positive – zu Handlungen überwunden, die du ansonsten nicht durchgeführt hättest. Wenn du es richtig gemacht hast, dann diente dir die Person als ein Initiator, um dich selbst zu hinterfragen und dich zu bessern. Bei Personen, denen man vertraut, ist dieser Effekt am wahrscheinlichsten: Mehrere Jahre der intensiven Beziehung zueinander führen dazu, dass den Worten der anderen Person Beachtung geschenkt wird. Folglich sind entsprechende Personen imstande, große Änderungen zum Positiven in einem selbst hervorzurufen.

Intelligenz

Es müssen nicht immer jahrelange Beziehungen sein. Manchmal genügt schon ein intelligenter Mensch, der überzeugend klingt und sinnvoll argumentiert, um einen von der Notwendigkeit einer Veränderung im Handeln zu überzeugen. Diese „Bushaltestellen-Bekanntschaften", die manchmal nicht länger als fünf Minuten dauern und nach denen es nie mehr ein Wiedersehen gibt, können dir zahlreiche Erkenntnisse bescheren und dich an dich selbst glauben lassen.

Realitätsnähe

Wichtig, damit die Überzeugung durch andere Menschen funktioniert, ist auch die Realitätsnähe. Eine Person, die dir das Blaue vom Himmel verspricht, ist nicht dein Schlüssel gegen das Aufschieben. Wirksamer sind Personen, die dir im Leben möglichst häufig erfolgreich geholfen haben. „Never change a winning team.", heißt es doch – wieso sollte es also nicht nochmal mit derselben Person funktionieren, die dir schon einmal geholfen hat, einen erfolgreichen Pfad einzuschlagen? Suche vor allem den Kontakt zu Personen, die wissen, wie sie dich aufbauen. Ein Fels in der Brandung sind häufig die Eltern, die Partner oder Eheleute, sogar Kinder, wenn sie denn erwachsen genug sind. Auch gute Freunde dürfen nicht außer Acht gelassen werden.

Personen mit realitätsnahen Hilfestellungen, die dir bereits öfter geholfen haben, sind eine gute Anlaufstelle. Realitätsnähe und gute Erfolgsquoten in den bisherigen Gesprächen – dies verleiht den Worten Gewicht, weswegen du umso überzeugter sein wirst. Es ist so ähnlich wie mit der Existenz einer Sache: Wenn die Existenz ungewiss ist und niemand dir die Sache zeigt, wirst du von der Existenz wohl kaum überzeugt sein. Aber wenn dir die Person die Sache auf den Tisch legt, bist du vollends überzeugt. Überlege genau, welche Personen dir deine Stärken immer Schwarz auf Weiß präsentiert und dich nicht mal ansatzweise zweifeln lassen haben. Sie motivieren dich am besten.

Erfolg und Kompetenz

Der Erfolg und die Kompetenzen geben einer Person häufig Recht. Personen, die selbst in der Sache, vor der du dich sträubst, erfolgreich waren und/oder diesbezüglich Kompetenzen vorzuweisen haben, sind glaubwürdig. Ein Mann steht vor deiner Haustür und gibt sich als Polizist aus: Dienstmarke vorzeigen lassen oder auf Anhieb Eintritt gewähren? Lasse dir von den Leuten ihre „Dienstmarke" vorzeigen, damit sich dich am besten überzeugen. Fachleute aus den Themenbereichen, die deine aufgeschobene Aufgabe betreffen, sind hilfreich. Wo wir schon beim Modelllernen waren: Auch reale Personen aus deinem Umfeld, die du anfassen und mit denen du dich unterhalten kannst, sind Modelle. Hier erhältst du am ehesten individuell ausgerichtete Empfehlungen, die dir bei der Bewältigung deines Problems helfen. Bessere Modelle kannst du kaum finden!

Es geht in dieser dritten Methode darum, dass du dir ein Umfeld zusammenstellst, das dir hilft, und nicht eines, das dich ausbremst. Letzteres ist ebenfalls eine häufige Ursache für Prokrastination. Wenn es um dich herum nur noch heißt, du solltest etwas nicht machen oder du wärst zu etwas nicht imstande, glaubst du irgendwann gezwungenermaßen selbst daran. Die Zusammenstellung eines förderlichen Umfelds lernst du nun in drei simplen Schritten. Schon jetzt sei angekündigt, dass du auch eine Mitschuld daran trägst, falls sich ein negatives Umfeld ergibt. Wie es dazu kommt, was du machen musst und welche Personen für dich wichtig sind, erfährst du jetzt. Bedenke dabei, dass du von den folgenden

Hinweisen nicht nur in Bezug auf das Stoppen des Aufschiebens profitierst, sondern ein positives Umfeld dich generell in allen Belangen des Lebens voranbringt.

Schritt 1: Was ist generell richtig, was ist generell falsch?

Selbstverständlich ist kein Mensch von Natur aus falsch. Jeder Mensch trägt positive und negative Eigenschaften in sich. Zudem ereignet es sich, dass Menschen sich ändern. Dieser erste Schritt soll also nicht dazu führen, dass du bestimmte Menschen beschuldigst und im Streit mit ihnen brichst. Er soll nur darauf verweisen, welche Person für dich in dem jeweiligen Moment eine falsche Gesellschaft ist. Es ist nicht herabwertend gemeint: Stelle dir als Beispiel vor, dass du und dein bester Freund etliche gemeinsame Interessen teilen. Dein Freund hat aber absolut keine Ahnung von Eishockey und interessiert sich nicht dafür, wohingegen du flammender Eishockey-Fan und -Spieler bist. Weil er dein bester Freund ist, lässt er sich hin und wieder zu einem Besuch deiner Spiele erweichen, aber ein geeignetes Dauerprogramm ist es nicht. Dafür hast du andere Freunde, die sich für Eishockey interessieren. Sie sprechen gern darüber, auch schauen sie sich gern deine Spiele an. Unterm Strich müssen wir eingestehen, dass dein bester Freund speziell im Zusammenhang mit Eishockey nicht der richtige Ansprechpartner und auf Dauer nicht die richtige Gesellschaft ist. Dies wertet ihn keineswegs ab, denn schließlich ist er in anderen Dingen kompetent und für dein Umfeld unschätzbar wertvoll.

Also nochmal der Klarheit wegen: Kein Mensch ist generell falsch. Aber einige Personen sind in Bezug auf einzelne Themen nicht die richtigen. Genau hier liegt der wichtige Punkt verborgen, bei dem du selbst eine Mitverantwortung dafür trägst, dass dein Umfeld positiv ist: Du kannst nicht erwarten, dass du Zustimmung und Förderung deiner Fähigkeiten erfährst, wenn du mit den Personen über alles

Mögliche sprichst. Zwar kannst du hier und da die Interessen ausloten und eventuell Personen für Neues begeistern, so wie sie es wohl auch bei dir versuchen. Aber zeigt sich nach einigen Versuchen keine Übereinstimmung der Interessen, dann macht es keinen Sinn, sich oft über Meinungen und Ansichten auszutauschen. Du läufst Gefahr, dass selbst deine besten Freunde und Familie deine Kompetenzen nicht richtig einschätzen, wenn sie keine Ahnung vom Thema haben.

> **Aufgabe 3**
>
> Überlege dir, inwiefern es sein könnte, dass du dir in deinem Bekanntenkreis des Öfteren bei den falschen Personen Rat holst. „Falsch" meint hierbei, dass die Personen dir aufgrund mangelnder eigener Erfahrungen, nicht vorhandener Fachkenntnisse und/oder ausbleibendem Interesse am Thema keinen geeigneten Rat geben können. Falls dies bei dir zutrifft: An welche Personen solltest du dich dafür regelmäßiger wenden, weil sie in den jeweiligen Gebieten mehr Kompetenzen besitzen?

Das Problem bei Personen, die nicht bewandert auf einem Gebiet sind, ist, dass sie dir meistens die falschen Ratschläge erteilen werden. Weil sie sich mit dem Thema nicht gut auskennen, versuchen sie womöglich auf Nummer sicher zu gehen. „Nummer sicher" bedeutet meist Zurückhaltung. Zurückhaltung führt wiederum zu weniger Aktivität. Weniger Aktivität geht eventuell mit dem Aufschieben einher. Dein Ziel in Gesprächen sollte es also sein, regelmäßig und langfristig zu den Kompetenzen und Erfahrungen deiner Gesprächspartner passende Themen zu wählen. Dann wird es wahrscheinlicher, dass du realistische und glaubwürdige Motivation erhältst, die deine Stärken im richtigen Kontext verortet und dich voranbringt. Generell richtig ist also immer das, was gegenseitige Kompetenzen in der jeweiligen Situation beinhaltet.

Schritt 2: Welche Personen brauchst du in deinem Umfeld?

Auch hier ein Hinweis zu Beginn: Dieser Schritt schreibt dir in keiner Weise vor, wie du dein Umfeld zusammenstellen sollst. Schon gar nicht beruht dieser Schritt auf irgendwelchen Stigmatisierungen bzw. einseitigen Charakterisierungen von Menschen. Jeder Mensch ist mehr als seine ein oder zwei Kompetenzen. Jeder Mensch ist imstande, selbst auf seinem größten Fachgebiet zu enttäuschen oder trotz vermeintlich fehlender Kompetenzen auf ganzer Linie zu überraschen. Der Individualismus der Menschen kennt kaum Grenzen, weswegen es jede Person in deinem Umfeld – ebenso wie du selbst – verdient, gehört zu werden. Aber eines lässt sich nicht leugnen: Irgendwo in unserem Unterbewusstsein spielt es sich ab, dass einige Ratschläge von bestimmten Menschen besonders tief verankert werden, während bestimmte Ratschläge anderer Menschen es nicht einmal in die Top 100 schaffen. Der Grund dafür ist, dass einige Personen bestimmte Qualitäten oder Vorzüge haben, die ihnen besonderes Gehör verschaffen. Gehen wir von deinen aufgeschobenen Aufgaben aus: Was du definitiv brauchst, sind Personen, die dir in Bezug auf das Aufschieben helfen können, weil sie gewisse Qualitäten einbringen. Das bedeutet nicht (!), dass alle anderen Personen in deinem Umfeld unwichtig sind. Es wird an dieser Stelle also rein für die Erweiterung deines Umfelds plädiert, nicht für die Verkleinerung. Welche Gefährten brauchst du für deine „Mission gegen die Prokrastination"?

> ➢ Kenner
>
>   Hiermit sind die Personen gemeint, denen es schon immer gelungen ist, deine Zuversicht zu stärken. Wer hat eine hohe Überzeugungskraft vorzuweisen? Wer konnte dich bisher fast immer begeistern?

> Realisten

Realismus schafft Logik. Logik schafft Überzeugung. Überzeugung schafft Erfolgschance. Erfolgschance schafft Selbstwirksamkeit. Wenn du Personen in deinem Umfeld hast, die dir realistische Argumente für gute Erfolgschancen vermitteln, wirst du mehr Bereitschaft zur Bewerkstelligung der jeweiligen Aufgabe entwickeln.

> Erfahrene

Diese Personen haben Erfahrung mit der Aufgabe, vor der du dich sträubst. Sie haben diese Aufgabe selbst durchgeführt oder es mehrmals bei anderen Personen beobachtet. Hilfreiche Tipps zur Durchführung und zum Dranbleiben sind dir bei den Erfahrenen garantiert.

> Modelle

Im Grunde genommen wie die Erfahrenen, nur mit dem Vorzug, dass sie sich bei der Durchführung der Aufgabe oder zumindest zu Beginn der Durchführung in derselben, einer vergleichbaren oder einer noch widrigeren Situation als du befanden. Der Identifikationsgrad mit diesen Personen ist hoch.

> Theoretiker

Anders als die Erfahrenen und Modelle haben diese Menschen ein theoretisches Wissen über die Aufgabe, die du vor dir herschiebst. Insbesondere bei Aufgaben, die einen hohen Praxisbezug haben, kann es zu Komplikationen kommen. Eine geringere Glaubwürdigkeit gegenüber diesen Personen kann sich im eigenen Unterbewusstsein einschleichen. Dennoch sind gute Tipps möglich. Für Aufgaben mit theoretischem Bezug sind die Theoretiker ideal.

> Drill Sergeant

Diese Personen müssen nicht zwingend theoretisches oder praktisches Wissen haben. Sie müssen weder erfahren noch gute Modelle in Bezug auf die Aufgabe sein. Realismus ist nicht zwingend ihre Stärke. Und meistens kennen sie dich eh nicht … Es handelt sich um Personen, die in allem, was sie machen, eine hohe Disziplin an den Tag legen. Ebenso verlangen sie von ihrem Umfeld immer das Maximum. Es sind Macher, denen oft die zwischenmenschlichen Kompetenzen fehlen. Aber hin und wieder springt ein Funken ihrer fast schon krankhafter Besessenheit auf dich über. Wichtig: Zu viel Gesellschaft durch diese Personen kann kontraproduktiv sein. Schlimmstenfalls kommt es dazu, dass du dich überforderst. Also: Nutze Drill Sergeants am besten dann, wenn du nach anfänglicher Konsequenz in der Durchführung von Aufgaben drohst, rückfällig zu werden. Sie geben dir im Idealfall einen mächtigen Schubser in die richtige Richtung.

Aufgabe 4

Du musst nicht jeden dieser oder vergleichbare Personentypen in deinem Umfeld haben. Es reicht bereits aus, wenn drei dieser Typen vorhanden sind und eine gewisse Wirkung auf dich entfalten. Versuche herauszufinden, wie häufig du Kontakt zu diesen Personen brauchst und welche der Personentypen dir am wichtigsten sind. Dann ist es sehr wahrscheinlich, dass du in den Personen die erhoffte Stütze findest, die dich positiv stimmt und von deinen Qualitäten überzeugt – oder dich ab und zu mal drillt, damit du dich selbst von deinen Qualitäten überzeugst.

Schritt 3: Negatives Umfeld – gibt es so etwas überhaupt?

Wir haben im ersten Schritt festgestellt, es z. T. auf deine Wahrnehmung und Entscheidungen zurückzuführen ist, ob ein Umfeld negativ ist. Durch die Wahl der passenden Themen kannst du dir von den Menschen in deinem Umfeld ein positives Gefühl geben lassen und deinerseits andere Menschen optimal motivieren. Letzteres ist auch wichtig, schließlich beruhen Beziehungen auf gegenseitigem Mehrwert und gegenseitiger Sympathie: Nicht nur du sollst motiviert werden, sondern du sollst auch andere motivieren.

Ein anderer Teil dessen, ob ein Umfeld negativ ist oder nicht, liegt hingegen fernab deiner Kontrolle. Es existieren Menschen, die primär negativ auf die Dinge blicken. Bei einigen artet dies fast schon zur Krankheit aus: Nahezu überall werden die Nachteile gesehen, der Pessimismus überstrahlt jedwede andere Regung der Gedanken. Manchmal ist der Pessimismus bei diesen Personen temporär, weil sie gerade eine schlechte Phase haben. Sind es gute Freunde, dir wichtige Personen oder allgemein gute Menschen, dann ist es wichtig, dass du dich von diesen Menschen nicht abwendest. Stehe ihnen bei und sei solange deren Seelsorger, wie es dich nicht belastet. Denn nur, wenn du anderen Menschen in deren Bredouillen hilfst, kannst du dasselbe von ihnen erwarten. Vor allem dann, wenn du die Negativdenker auch von deren positiver Seite kennst, lohnt es sich, diesen Kontakten treu zu bleiben und ihnen wieder auf die richtige Bahn zu helfen. Solltest du merken, dass dich das negative Denken zu sehr berührt, dann ist die Zeit reif, für eine Weile auf Abstand zu gehen. Abgesehen davon eignen sich – und das soll nicht makaber klingen – diese Personen für negatives Modelllernen. Du siehst, wie schlimm negative Gedankengänge sein können, und machst es selbst besser. Auch, wenn die negativen Gedanken der Personen nichts mit deiner aufgeschobenen Pflicht zu tun haben, können sie dich dazu animieren, dich zusammenzureißen, um selbst positiver an das Leben heranzugehen.

> **Aufgabe 5**
>
> Tue Gutes, und Gutes wird dir widerfahren! Suche in deinem Umfeld Personen, die dir wichtig sind oder mehrmals geholfen haben, aber zurzeit in einer schlechten Verfassung sind. Stehe diesen Personen regelmäßig eine Zeit lang bei. Eventuell motiviert ihr euch gegenseitig. Falls du keine Motivation erfährst, dann ist es nicht schlimm. Denn immerhin erweist du einer wichtigen Person einen Gefallen, wodurch du die Stimmung in deinem Umfeld verbesserst. Irgendwann wird es sich bezahlt machen.

Wie sieht es aber mit den Menschen aus, die jahre- oder jahrzehntelang negativ denken und es zu ihrer Hauptaufgabe auserkoren haben, das Leben und die Momente darin konsequent zu beklagen? Verhält es sich tatsächlich so, dass es solche Personen in deinem Umfeld gibt, bei denen die negativen Botschaften in Gesprächen wirklich immer oder fast immer überwiegen, dann solltest du genau abwägen, ob die Beziehung in dieser Form noch Sinn ergibt. Sind dir die Personen wichtig, dann versuche ihnen zu helfen. Aber ihre Einstellung muss sich ändern. Denn jahre- oder jahrzehntelang nur negativ zu denken, ist keine Strategie fürs Leben. Diese Personen sind nicht fürs negative Modelllernen geeignet, weil sie dir schaden könnten. Insbesondere bei Personen, denen gegenüber du keine starke Verbindung hast, ist angeraten, den Kontakt möglichst schnell abzubrechen, wenn dauerhaft nur Negatives vermittelt wird.

Wieso rät dieser Ratgeber zu diesen radikalen Umbrüchen, wenn Leute negativ denken? Abseits der Tatsache, dass du und jeder andere Mensch die unangenehme Erfahrung gemacht haben dürfte, wie belastend es ist, sich nur mit Problemen und negativen Glaubenssätzen befassen zu müssen, besteht eine wissenschaftlich erwiesene „Ansteckungsgefahr". Das Stichwort sind hierbei die sogenannten Spiegelneuronen in unserem Gehirn. Sie tragen dazu bei, dass wir in häufiger Gesellschaft von Menschen, die ausnahmslos negativ denken, deren Denkweise ungewollt adaptieren können – zuerst schleichend, dann rasant.

> **Meine Erfahrungen**
>
> Hier kann ich von Erfahrungen aus der anderen Perspektive berichten: Nicht ich wurde von gnadenlosen Pessimisten negativ beeinflusst. Früher war ich selbst ebenjener gnadenlose Pessimist, der die Menschen um sich herum negativ beeinflusst hat. Lange Zeit begriff ich dies nicht. Aber als auffällig viele Personen aus meinem Bekannten- und Freundeskreis den Kontakt zu mir einstellten, war ich erstaunt. Erst mit der Zeit, als ich durch die Lektüre von Erfolgsratgebern und zunehmenden eigenen Erfolg eine Wandlung zum Optimisten durchlief, begriff ich, welch eine Belastung ich für andere Menschen gewesen sein muss. Also: Ja, es stimmt, dass Pessimisten im Umfeld nicht förderlich sind.

Das Wichtigste auf den Punkt gebracht

> ➤ Eine ausgeprägte Selbstwirksamkeit verschafft dir Überzeugung vom Erfolg und Zutrauen in deine Fähigkeiten. Stärken kannst du deine Selbstwirksamkeit am besten durch das Lernen am Modell, das Austricksen deines Körpers und ein positives soziales Umfeld.

- Das Lernen am Modell ist nichts anderes als das Lernen von Vorbildern. Diese Vorbilder können aus Lese- oder Videomaterial stammen oder Menschen in deiner Umgebung sein. Wichtig ist, dass sie sich in einer Situation befinden, die mit der deinen möglichst vergleichbar ist.
- Du trickst deinen Körper aus, indem du durch Ankertechniken die negativen Reaktionen deines Körpers auf die aufgeschobene Aufgabe (z. B. Zittern, starkes Herzklopfen, Schweißbildung) durch positive Emotionen und Erinnerungen besetzt. *„Mein Herz hat zuletzt so stark geklopft, als ich den Pokal bei den Juniorenmeisterschaften geholt und den größten Erfolg meiner Jugend gefeiert habe!"* Programmierst du durch Übungen diese Denkweise fest in deine Gedanken, so sind mehr positive Assoziationen vor der ungewollten Aufgabe wahrscheinlich, was dich zur Durchführung der Aufgabe animiert.
- Ein generell positives oder generell schlechtes Umfeld existiert nicht. Kein Mensch ist einfach schlecht oder gut. Du solltest die Dinge in Abhängigkeit von Situationen und Gesprächsthemen beurteilen. Stelle dir in Zusammenhang mit deiner Aufgabe ein Umfeld auf, dass dich durch gute Kenntnis deines Charakters, eigene Erfahrungen und Kompetenzen in Bezug auf die Aufgabe fördert. Mit diesen Qualitäten steigert dein Umfeld durch Worte und Taten am besten deine Selbstwirksamkeit.

Konzept 3 | Selbstkontrolle: Impulsen trotzen und fokussieren

Selbstkontrolle kann in vielerlei Hinsicht definiert werden. Es werden Personen als kontrolliert definiert, die nicht sofort aufbrausen, wenn jemand sie kritisiert oder ihnen in anderer Form nahekommt. Außerdem gibt es die Form der Selbstkontrolle, die bei der Durchführung von Aufgaben wichtig ist: Wer sich nicht ablenken lässt, gilt als kontrolliert. Im Zusammenhang mit dem Aufschieben kommt der Selbstkontrolle eine Rolle zu, die vergleichbar mit der Rolle der Disziplin ist: Wie lange halte ich bei der Aufgabe durch, ohne den äußeren Reizen nachzugeben und die Aufgabe abzubrechen?

Erstaunlicherweise hängen Disziplin, die Selbstkontrolle bei der Durchführung von Aufgaben und auch die Selbstkontrolle bei der Reaktion auf bestimmte Geschehnisse (auch: Selbstbeherrschung) eng zusammen. Denn bei allen dreien geht es darum, den eigenen Emotionen zu widerstehen. Dies ist schwer. Impulse von außen sorgen für Reaktionen beim Menschen. Diese Reaktionen können emotional, automatisiert oder gedanklich gesteuert sein. Es sind auch Mischformen möglich. Das Ziel dieses Kapitels ist es, dir bei der Kontrolle über die eigenen Emotionen zu helfen. Sehnsucht danach, der Ablenkung nachzugeben, der Hass auf die Aufgabe, die Wut auf einen Menschen, der der Durchführung der Aufgabe im Wege steht – all das soll der Vergangenheit angehören.

Aber wie schaltet man die eigenen Emotionen aus oder reduziert diese, wo doch der Mensch ein emotionales Wesen ist? Ja, tatsächlich: Die Hirnforschung zeigt, dass im menschlichen Gehirn auf Reize von außen zunächst das Limbische System reagiert. Das Limbische System im Neocortex ist für die Bildung von Emotionen zuständig. Dies bedeutet, dass – egal, wie wir denken – zuerst immer die Gefühle angesprochen sind. Erst die folgende Aktivität der weiteren Hirnregionen macht es möglich, dass wir mittels Gedankengänge unser Handeln abwägen.

Da sich zeigt, dass du die Emotionen nicht abschalten kannst, ist die Kontrolle umso wichtiger. Kontrolle wird erarbeitet. Du erarbeitest sie dir in diesem Kapitel, indem du Automatismen schaffst, die bei Eintritt eines für dich negativen Impulses die emotionale Wirkung bremsen. Diese Vorgehensweise wird dir langfristig und nicht nur in Bezug auf das Aufschieben an sich, sondern auch generell im Leben dabei helfen, kontrollierter, überlegter und zielführender zu agieren bzw. zu reagieren.

Bevor du in Schritt 3 dieses Kapitels an der langfristigen Perspektive zur Selbstkontrolle arbeitest, erhältst du in den ersten beiden Schritten eine kurzfristige „Erste Hilfe". Durch die kurzfristigen Maßnahmen und die langfristige Übung wirst du sowohl sofort als auch für die Zukunft mehr Selbstkontrolle gewinnen.

Schritt #1: Ideale Voraussetzungen als Basis

Je nachdem, welcher Aufgabe du nachgehen möchtest, ergeben sich bestimmte ideale Voraussetzungen. Aufgaben, die theoretischer Natur sind, finden meist in einer stillen Umgebung statt. Dies begünstigt die Konzentration, weil weniger Ablenkung gegeben ist. Weniger Ablenkung bedeutet weniger Impulse. Weniger Impulse ziehen eine zumindest etwas leichtere Selbstkontrolle nach sich. Aber nicht alle Aufgaben erfolgen in einer stillen Umgebung. Möchtest du beispielsweise dem Sport im Fitnessstudio nachgehen, so ist die Umgebung eher laut: Musik, schreiende Muskelpakete (die gibt es nicht immer), Geräusche durch Bewegungen und Einstellungen an Trainingsgeräten und weitere Faktoren treten auf. Noch ein weiteres Beispiel: Familienpflichten, wenn kleine Kinder dabei sind. Auch hier kann es laut und hektisch werden. Eine Person, die mit der Lebenslust und dem hohen Aktivitätslevel von Kindern wenig klarkommt, wird dazu neigen, auf die eine oder andere Art und Weise impulsiv zu reagieren.

Stelle dir jetzt die Frage, was wahrscheinlicher ist: Dass du durch Methoden deine fest im Charakter verankerten Impulse auf Anhieb zu kontrollieren lernst **oder** dass du durch die Schaffung idealer Voraussetzungen, die Impulsen entgegenwirken, auf Anhieb eine größere Selbstkontrolle hast? Eher letzteres. Der Grund hierfür ist einfach: Im ersten Szenario musst du nämlich gegen einen Teil deines Charakters ankämpfen. Es ist deine Charaktereigenschaft, entweder grundsätzlich impulsiv zu sein oder bei den bestimmten Auslösern impulsiv zu reagieren. Wieder spielen Automatismen im Gehirn eine Rolle, die durch tief einschneidende

Erlebnisse geschaffen wurden oder durch Wiederholung zur Gewohnheit wurden, weswegen sie angelernt sind. Aber das zweite Szenario – ideale Voraussetzungen zu schaffen – vermag dir sofort in deiner Situation zu helfen. Denn du kämpfst nicht gegen ein Stück deines Charakters bzw. gegen eine deiner Eigenschaften an, sondern verhinderst, dass sie getriggert wird. Genau diesem Szenario widmet sich der erste Schritt.

Du kannst es dir vorstellen wie eine schützende Mauer: Wenn klar ist, dass ein Gebäude einem Ansturm nicht standhalten würde, wird eine zusätzliche Mauer als Schutz errichtet. Anderes Beispiel am Menschen: Vielleicht kennst du Menschen, die auf bestimmte Themen sensibel reagieren. Bei diesen Menschen wird geraten, zumindest kurzfristig, bis die Person sich desensibilisiert hat, das Thema nicht anzusprechen. Ansonsten wird sie zu einer sensiblen Reaktion getriggert. Noch ein Beispiel, speziell am Aufschieben: Du weißt, dass der Klingelton im Smartphone dich am Ausführen von Aufgaben hindert, also schaltest du das Smartphone ab. Damit sind wir beim Thema angekommen …

Um einen Schutzwall gegen Impulse und potenzielle Ablenkungen zu errichten, musst du die Angreifer identifizieren. Erst durch die präzise Benennung kannst du Gegenmaßnahmen ergreifen. Es beginnt erstmal mit dem idealen Ort, dessen Eignung mit allen Sinnen beurteilt wird. Einerseits zählt die Ästhetik des Ortes. Wenn ungewaschenes Geschirr die Landschaft prägt, wirkt sich das zumindest aufs tiefste Innere störend aus. Ordnung und Ästhetik sind elementar. Ordnung lässt kaum Ermessensspielräume zu, Ästhetik ist subjektiv. Wähle daher einen Ort, der dir persönlich optisch gefällt. Andererseits sind die anderen Sinneswahrnehmungen wichtig: Fühle dich auf deiner Sitzgelegenheit oder – falls du nicht sitzt, sondern Sport machst, arbeitest oder anderen Aktivitäten nachgehst – an deinem Platz und in deiner Kleidung wohl. Nimm Gerüche wahr, die dir zusagen oder neutral sind. Die Mülldeponie um die Ecke ist ein No-Go, sofern es sich verhindern lässt. Höre das, was zur jeweiligen Atmosphäre passt. Beim Sport könnten es lautere Klänge sein. Sagt dir die im Fitnessstudio gespielte Musik nicht zu, dann kannst du für die idealen Voraussetzungen eigene Musik über Kopfhörer hören. Beim Lesen ist ruhige Musik üblicher. Aber auch hier darfst du deine eigenen Präferenzen ausleben. Jeder Mensch unterscheidet sich. So mögen einige das Lernen in Bibliotheken oder daheim nicht, weil es ihnen zu leise ist. Sie bevorzugen geschäftigere Orte, wo sich etwas tut. Wie du in deinen Flow kommst, ist deine Sache. Stelle nur sicher, dass du an einem Ort bist, der dich nicht wegen ungewünschter Musik, eines ungemütlichen Sitzes oder anderer Faktoren die Aufgabe aufschieben lässt. Zaubere dir einen Ort, der dir gefällt.

Achtung: Der Ort sollte dir *im Hinblick auf die jeweilige Aufgabe* gefallen. Wenn du den Ort hingegen so gestaltest, dass du dich generell wohlfühlst, kann es sogar die Wahrscheinlichkeit für das Aufschieben erhöhen, weil du in all der Bequemlichkeit an lauter andere Sache denkst. Stelle dir also die folgenden zwei Fragen: Welche Aufgabe muss ich machen? Welcher Ort ist für die konzentrierte Durchführung der Aufgabe **und** mein Wohlbefinden am besten geeignet?

Fazit: Wähle einen Ort, der Eignung für die Aufgabe und dein Wohlbefinden während der Durchführung ideal vereinbart. Durch eine entsprechende Wahl musst du im ersten Schritt nicht mal die Auslöser der Prokrastination identifizieren, weil die Wahrscheinlichkeit für deren Eintritt durch die Wahl des Ortes reduziert wird.

> **Meine Erfahrungen**
>
> Wie individuell jeder Mensch ist, zeigt sich bei meinen Präferenzen: Wenn ich zuhause im Stillen und gemütlich sitze, kann ich meine Kopf- und Schreibarbeit kaum verrichten. Ich arbeite am liebsten an Orten, an denen Bewegung herrscht. Cafés sind für mich ideal. Auch im Wartebereich des Fitnessstudios mache ich es mir ab und zu bequem. Grundsätzlich habe ich keine Probleme mit Lärm bei der Arbeit. Wenn etwas los ist, steigert es meine Kreativität. Habe also den Mut – für den Fall, dass du ähnlich „exotisch" veranlagt bist wie ich – mit einem gewissen Eigensinn deinen Ort zu wählen und wirklich auf das zu hören, was dir bei der Durchführung der Aufgabe hilft; auch, wenn es für andere abwegig scheint.

Schritt #2: Auslöser fürs Aufschieben identifizieren und Gegenmaßnahmen festlegen

Weiter geht es direkt mit den kleinen Auslösern, die trotz optimaler Wahl des Aufgabenortes auftreten könnten. Eine große Rolle bei Ablenkungen spielen die digitalen Geräte. Das Problem ist, dass sie zur Gewohnheit geworden sind. Sogar, wenn man sich zum Ziel setzt, das jeweilige Gerät während der Durchführung der Aufgabe nicht zu nutzen, erfolgt automatisch der Griff zum Smartphone. Es sind die Automatismen, die greifen.

Als nächster kleinerer Auslöser neben digitalen Geräten sind mangelndes Wohlbefinden, Hunger und falsche Ernährung zu berücksichtigen. Personen, die sich vor der Aufgabe, die sie aufschieben möchten, als eine Art „Entschädigung" den Magen mit Süßigkeiten vollschlagen und damit die „Lust auf die Aufgabe" steigern möchten, bewirken meist Ablenkung durch Magenschmerzen, den Zuckerkick und andere Folgen des Süßigkeitenkonsums.

Kleine Auslöser, wie die soeben vorgestellten, sind teils sehr speziell und bei jeder Aufgabe unterschiedlich. Größere Auslöser gibt es auch: Menschen in der Umgebung können ablenken. Früher war es der Sitzkamerad in der Schule, der den Klassenclown mimte, heute könnte es der Arbeitskollege sein, der dich jede Woche während der Durchführung einer Aufgabe von ihr losreißt und zu Partys schleift.

Fazit: Es existieren Auslöser, die ortsunabhängig sind. Smartphones sind das häufigste Beispiel. Auch Menschen können die Rolle negativer Impulse einnehmen, indem sie von der Durchführung einer Aufgabe abhalten und das Aufschieben verursachen bzw. fördern. All die feinen Auslöser auszumachen, hilft bei der Bestimmung von Gegenmaßnahmen.

Aufgabe 1

Nun bist du dran, die beiden ersten Schritte zu üben. Zuerst legst du eine oder mehrere Umgebungen fest, die die Durchführung der Aufgabe fördern und dir Wohlbefinden verschaffen. So senkst du die Wahrscheinlichkeit dafür, dass die Auslöser auftreten. Anschließend überlegst du, welche kleineren oder größeren ortsunabhängigen Auslöser auftreten könnten. Schreibe all diese Auslöser auf, um im weiteren Verlauf Gegenmaßnahmen für jeden Auslöser bestimmen zu können.

Nun lernst du die Bestimmung von Gegenmaßnahmen kennen, die dich vor eine große Herausforderung stellen: Was ist, wenn du den Auslöser fürs Aufschieben zur Durchführung der Aufgabe benötigst? Genau dieses Problem ist des Öfteren bei den digitalen Geräten vorhanden. Smartphone oder Laptop, die durch aufpoppende Nachrichten,

Anrufe, Medienangebote und anderweitige Funktionen mehrere Ablenkungsfaktoren mit sich bringen, sind bei der Arbeit meist vonnöten. Die Gretchenfrage zur Findung einer guten Lösung ist hierbei, welche Optionen es gibt, den Funktionsumfang zu limitieren oder Funktionen hinzuzufügen, die die Auslöser-Eigenschaften mildern. Ein Beispiel am Smartphone: WhatsApp ist deine Versuchung, das Smartphone wird aber zur Aktivität benötigt. Wie vereinbarst du die Durchführung der Aktivität am Smartphone mit dem Widerstand gegenüber dem Auslöser WhatsApp? Ein Lösungsansatz ist im Smartphone selbst vorhanden, nämlich den Klingelton abzustellen. Reicht dies nicht aus und lenkt dich der aufhellende Bildschirm beim Erhalt von Nachrichten ab, dann kannst du die Nachrichtenmeldung deaktivieren, sodass der Bildschirm sich nicht aufhellt. Es tut sich gar nichts, bis du nicht selbst in WhatsApp nachschaust. Außerdem können Programme oder Add-Ons mit Funktionen, die die Ablenkungen minimieren, unentgeltlich heruntergeladen oder gegen einen geringen Preis gekauft werden.

> **Wusstest du schon?**
>
> Es sind spezielle Apps auf dem Markt, die dir gegen das Aufschieben helfen können. Sie sind entweder mit Schwerpunkt auf bestimmte Aufgaben programmiert oder individuell konfigurierbar. *YellingMom* ist ein Beispiel. Die App fängt an, Geräusche von sich zu geben, sobald du deiner Aufgabe nicht zum erforderlichen Zeitpunkt nachgehst. Die Apps erzeugen meist durch einen hohen „Nerv-Faktor" Impulse, die dich dazu bringen, die Aufgabe durchzuführen.

Den Fall, dass die Quelle negativer Impulse zugleich zur Arbeit notwendig ist, gibt es nicht nur bei dem

Paradebeispiel digitale Geräte. Auch Menschen können solch ein Problem darstellen. Möglicherweise hast du diese eine Person in deinem Umfeld, die es immer draufhat, dich von der Durchführung einer Aufgabe abzuhalten. Erneut kommen wir beim Thema negatives und positives Umfeld an, das wir schon hatten: Du wurdest informiert, wieso du dir ein positives Umfeld zusammenstellen solltest und wie du es machst. Mal angenommen, die störende Person kannst du nicht meiden, weil sie für die Durchführung der Aufgabe notwendig ist. Zu solchen Szenarien kommt es vor allem dann, wenn gute und schlechte Schüler in Gruppenarbeiten zusammengetan werden. Die schlechten Schüler lenken in unserem Beispiel die guten ab. Sie einfach auszuschließen, ist keine Option. Bei der Arbeit im Erwachsenenleben kann es zu ähnlichen Fällen kommen. Eine Lösung ist aufgrund der Tatsache, dass es sich bei den negativen Impulsen um Menschen handelt, schwer zu finden. Radikale Gegenmaßnahmen wären, eine Person zu erpressen oder dazu zu zwingen, mitzuarbeiten und die Durchführung der Aufgabe nicht mehr zu stören. Weniger radikal, aber dafür in puncto Wirksamkeit ungewiss, wären das Ins-Gewissen-reden und das „Verpetzen" beim Lehrer.

Gegenmaßnahmen für Auslöser: Keine einfache Sache, sofern es sich um Auslöser handelt, die sich deinen Gegenmaßnahmen anpassen, wie z. B. Menschen. Zeige dich in diesen Fällen einfallsreich. Je mehr für dich von der Aufgabe abhängt, umso weniger Skrupel solltest du zeigen. Denn durch einen verhinderbaren negativen Einfluss am Erfolg gehindert zu werden, ist unglaublich ärgerlich.

Abschließend ein Überblick mit ein paar möglichen Auslösern für negative Impulse und Gegenmaßnahmen, die die Anfälligkeit für Prokrastination minimieren:

Störfaktoren	Gegenmaßnahmen
• laute Musik • Störgeräusche • Ablenkung durch negative Worte	• Ohrstöpsel • Kopfhörer und Instrumentalmusik
• Personen	• räumliche Trennung
• Tiere • Insekten	• Schutzsprays • räumliche Trennung • Beschaffung externer Hilfe
• schlechte Gerüche • verführerische Gerüche (z. B. Süßigkeiten)	• Ortswechsel • Nasenklemme • Behebung der Ursache • Lüften

---

Aufgabe 2

Als Fortsetzung von Aufgabe 1 bestimmst du jetzt Gegenmaßnahmen für deine persönlichen Auslöser. Übernimm gern die Ideen aus der Tabelle und dem vorigen Fließtext. Füge diesen weitere Ideen hinzu. Am Ende hast du idealerweise ein Blatt Papier, auf dem die idealen Maßnahmen für dich persönlich stehen. Von diesen machst du Gebrauch, wenn du mit den negativen Impulsen konfrontiert wirst.

Schritt #3: Langfristige Selbstkontrolle erarbeiten

Schritt 1 und 2 dienen als kurzfristige und situative Maßnahmen für mehr Selbstkontrolle. Weil dir dieser Ratgeber eine schnellstmögliche Hilfe sein soll, aber die Charaktereigenschaften nicht schnell veränderbar sind, hast du dich zuerst mit den äußeren Maßnahmen beschäftigt. Nun gelangst du zu den inneren Maßnahmen; also dem, was sich in dir tut und deine Gedanken durchstreift, wenn ein Impuls auf dich wirkt. Wenn du die Impulse so unter Kontrolle kriegst, benötigst du nicht mal die ersten beiden Schritte.

Nun zum Vorgehen in diesem dritten Schritt, damit du optimal an dir arbeiten kannst:

- Du bringst gute Voraussetzungen mit, wenn du dich bereits für einen kurzen Moment kontrollieren kannst, ohne einem Impuls sofort nachzugeben. -> Dein Anfang in den folgenden Erläuterungen ist beim Unterkapitel „Drittens".
- Noch bessere Voraussetzungen sind gegeben, falls du mit der Aufgabe beginnst und sie bis zum Aufschieben zumindest kurze Zeit durchführst, obwohl dir nicht danach ist. In diesem Fall überwindest du den Impuls eine Zeit lang. Dein Anfang in den folgenden Erläuterungen ist beim Unterkapitel „Viertens".
- Am schlechtesten ist eine hohe Impulsivität, die sich dadurch bemerkbar macht, dass du, ohne darüber nachzudenken oder dich um ein Unterdrücken des Impulses zu bemühen, sofort nachgibst. Dein Anfang bei den folgenden Erläuterungen ist beim Unterkapitel „Erstens" direkt zu Beginn.

Egal, wo du dich in den geschilderten Voraussetzungen einordnest: Wenn du beim empfohlenen Schritt beginnst und alle Schritte bis zum fünften praktizierst, wirst du sehr gute Chancen haben, eine langfristige Selbstkontrolle zu entwickeln. Der Vorteil einer langfristigen Selbstkontrolle ist, dass du die Wirkung der Auslöser auf dich minimierst oder komplett abstellst. Folglich wirst du weniger oder überhaupt nicht auf die kurzfristigen Maßnahmen aus den ersten beiden Schritten dieses Kapitels angewiesen sein. So reduziert sich der Gesamtaufwand für dich.

Erstens: Sich bewusst werden.

Um an der Lösung für ein Problem zu arbeiten, musst du dir des Problems bewusst werden. Wenn man bedenkt, wie viele Personen Ballast im Unterbewusstsein mit sich herumschleppen, wird klar, dass nicht jedes persönliche Problem der betroffenen Person bekannt ist. Unehrlichkeit gegenüber sich selbst ist keine abwegige Vorstellung, sondern des Öfteren zu beobachten. Eine solche Unehrlichkeit und das Verbergen eines Problems beginnen mit einer Lüge. Als Beispiel sei eine übergewichtige Person genannt, die ihre Diät immer wieder aufschiebt oder nach wenigen Tagen den ersten Impulsen nachgibt: Sie hat davon gehört, dass es Personen gibt, die aufgrund einer Erkrankung übergewichtig sind. Seitdem redet sie anderen Leuten ein, der Grund für ihr Übergewicht sei eine Erkrankung. Andere entwickeln Verständnis und verurteilen die Person aufgrund ihres Gewichts nicht mehr. Die Person fühlt sich mit ihrer Ausrede sicher und beginnt, sie irgendwann selbst zu glauben; nicht unbedingt wortwörtlich und in dem Sinne, dass sie eine Erkrankung hat (was schließlich nicht der Fall ist), sondern in abgewandelter Form, indem sie sich als nicht verantwortlich für ihr Übergewicht erachtet. Diese und ähnliche Probleme eines mangelnden Bewusstseins für das Problem treten auch in anderen Situationen auf. Wenn Aufgaben aus Angst aufgeschoben werden, aber die Person sich ihre Angst nicht eingestehen möchte, könnte sie andere Gründe für das Aufschieben finden. Diese Gründe würde sie selbst glauben, und damit Prokrastination weiter begünstigen.

Sich seiner Probleme bewusst zu werden, dient einerseits als Initiator, um langfristige Veränderungen einzuleiten. Andererseits sorgt die Bewusstmachung dafür, dass sich keine weiteren negativen Impulse durch Unehrlichkeit gegenüber sich selbst entwickeln.

Zum Bewusstmachen suchst du dir am besten interne und externe Hilfe. Bei der externen Hilfe fragst du Personen, wie sie dich einschätzen und worin sie bei dir die Gründe für das Aufschieben der entsprechenden Aufgabe/n sehen. Denke an die Tipps zum positiven Umfeld aus dem letzten Kapitel: Je mehr der empfohlenen Charaktere du in deinem Umfeld hast, umso besser werden sie durch ihre Einschätzungen zu einem vollständigen Bild deines Charakters beitragen. Ein Realist, der mit dir langjährig befreundet ist, wird kein Blatt vor den Mund nehmen, die Probleme klar beim Namen zu benennen. Bitte die Personen, dir ihre ehrliche Meinung zu sagen und sich nicht vor deiner Reaktion zu scheuen. Schreibe ohne jegliche Wertung und erst recht ohne Proteste die Probleme auf, die die Personen bei dir sehen.

Im weiteren Verlauf gehst du auf der Problemsuche in dich. Du fängst an, die Antworten in dir selbst zu suchen. Heutzutage hören Menschen vieles: von Freunden, von Vorgesetzten, in den Medien, aus den Zeitungen und, und, und … Es ist Zeit, sich häufiger mit sich selbst zu befassen. Denn in dir selbst schlummern klare Antworten und Richtungsvorgaben, die dich langfristig nicht verwirren, sondern auf den Pfad bringen, der für dich persönlich richtig ist.

Das „Sich-bewusst-machen" ist ein langwieriger Prozess. Du übst im Idealfall, in dich hineinzuhören. Ideale äußere Rahmenbedingungen sind ein Muss. Die folgende Aufgabe wird dir helfen, auch wenn du glaubst, dir all deiner Probleme bewusst zu sein. Denn nicht selten kommt es dazu, dass Personen ein vermeintlich optimales Leben führen, aber dennoch irgendetwas in ihrem Inneren bedrückend wirkt. Wende die folgende Aufgabe gern regelmäßig an, um auch nach der Behebung deiner Prokrastination „up to date" zu sein, was deine psychische Verfassung anbelangt.

> **Aufgabe 3**
>
> Es wird schwierig sein, dir das anzugewöhnen, aber richte es um jeden Preis ein: Führe jeden Abend mindestens 15 Minuten lang Tagebuch. Du musst nicht die komplette Viertelstunde lang schreiben, aber du solltest zumindest diese Zeit lang nachdenken und etwas aufs Papier bringen. An einigen Tagen wird es mehr Schreibstoff geben, an anderen weniger. Das ist normal. Worüber denkst du nach und wie denkst du nach? Denke in einer ruhigen Umgebung nach und lasse dich nicht von etwas ablenken, was deine Konzentration auf die Geschehnisse des Tages trüben würde. Ein optimales Plätzchen ist ein Sessel am Tisch. Gern kannst du dich auch auf dein Bett legen und im Liegen schreiben. Nun aber das Wichtigste: Du schreibst im Tagebuch auf, 1. was passiert ist, 2. was du dabei gedacht und wie du – ganz wichtig – dich dabei gefühlt hast, 3. was die Ursache für deine Empfindungen in der/den beschriebenen Situation/en waren. Dieser Drei-Schritte-Prozess ist elementar, denn wenn du nur die Geschehnisse aufschreibst, aber deine Emotionen nicht miteinbeziehst, wirst du ein Protokoll haben, aber kein hilfreiches Tagebuch. Führe zunächst zwei Wochen lang Tagebuch, ehe du ein Zwischenfazit ziehst: Bist du dir deiner Probleme nun bewusster? Setze das Tagebuch schreiben fort.

Du wirst durch den inneren Dialog, den du jeden Abend praktizierst, mehrere wichtige Erkenntnisse gewinnen. Eine dieser Erkenntnisse wird sein, in welchen Situationen du dich unwohl fühlst und welche Emotionen dich begleiten. Je ausführlicher du schreibst, umso besser. Denn mit der Ausführlichkeit stellst du sicher, dass du keine „Ersatz-Impulse" für das Aufschieben der Aufgabe erfindest. Langfristig wirst du dir nicht vorenthalten können, dass z. B. Angst und nicht schlechtes Wetter oder sonst eine selbst erfundene, angenehmere Lüge der Grund für das Aufschieben ist. Anschließend wirst du imstande sein, dich mit deinem bewusst gewordenen Problem zu befassen.

Zweitens: Glaubenssätze einsetzen.

Glaubenssätze sind Aussagen, die du durch mehrmalige fokussierte Wiederholung tief in deinem Unterbewusstsein verankerst. Sie sind zunächst ein kleines Mittel, weil es dauern wird, bis sich deren Wirkung verstärkt. Es ist alles eine Frage dessen, wie schnell dein Gehirn den Automatismus entwickelt, bei Konfrontation mit dem Impuls einen anderen Gedanken zu pflegen als bisher. Du ersetzt bei Glaubenssätzen also einen bisher negativen Impuls, der zum Abbrechen der Aufgabe animierte, durch einen positiven Impuls, der zum Loslegen und Dranbleiben animiert.

Damit du diesen zweiten Schritt überzeugend über die Bühne bringst und einen Mehrwert verspürst, sei erstmal Licht ins Dunkel gebracht, was einen wichtigen Begriff betrifft: Unterbewusstsein. Erinnere dich hierfür an Abläufe, die du gut beherrschst. Es können bereits die alltäglichsten Dinge sein. Es muss sich nicht um etwas Außergewöhnliches handeln. Ob es nun das Kochen immer desselben Gerichts ist, das Autofahren oder dein Beruf – es gibt Sachen, die machst du auch dann richtig, wenn du über deren Durchführung nicht nachdenkst. Der Grund dafür, dass alles automatisch und ohne nachzudenken funktioniert, sind Automatismen. Die Wissenschaft hat Automatismen teilweise im Unterbewusstsein verortet; teilweise, weil einige Wissenschaftler die Existenz eines Unterbewusstseins leugnen. Wenn man mit dem Begriff Unterbewusstsein einen Ort im Gehirn meint, liegen die Leugner richtig. Aber wenn wir das Unterbewusstsein als eine Ansammlung automatisierter Prozesse und Gedanken betrachten, wie es z. B. die Wissenschaftsseite *Spektrum* definiert, dann liegen die Leugner falsch.

Die erste Person, die sich mit dem Unterbewusstsein befasst hat und es „das Unbewusste" nannte, war Sigmund Freund. Seine Gedankengänge werden bis heute aufgegriffen und immer wieder neu interpretiert. Heute steht das Unterbewusstsein für alle Gedanken, Gefühle, Prozesse und sonstige Dinge, die ohne gedankliche Anstrengung in unserem Gehirn ablaufen. Wenn du darüber nachdenkst, wie stark bei einigen Menschen einige Verhaltenstendenzen bemerkbar sind, dann muss es doch einen Grund dafür geben, oder?

- Reagiert eine Person immer aggressiv, dann liegt es in ihrer Natur.
- Äußert sich eine Person immer pessimistisch, dann liegt es in ihrer Natur.
- Ist eine Person unglaublich diszipliniert, dann liegt es in ihrer Natur.

Aber all diese Eigenschaften werden nicht angeboren. Personen eignen sich diese und weitere Eigenschaften entweder an oder entscheiden sich gegen diese. Das Modelllernen, über das wir gesprochen haben, ist ein Grund dafür, dass sich Personen bestimmte Verhaltensweisen aneignen. Aber auch durch Einreden kann man sich Verhaltensweisen aneignen. Wenn eine Person aufgrund negativer Erlebnisse Zweifel in Bezug auf sich selbst hat und sich gedanklich immer wieder „Ich bin ein Verlierer. Ich bin ein Verlierer." einredet, so steigt die Wahrscheinlichkeit, dass sich dieser deprimierende und entmutigende Gedanke fest im Unterbewusstsein programmiert.

Nun der Zusammenhang all dessen mit der Prokrastination: Wenn bei dir eine negative Reaktion auf einen Impuls fest verankert ist, die dich von der Durchführung einer Aufgabe abhält, dann ist die Umprogrammierung des

Unterbewusstseins ein Schlüssel zur Lösung des Problems. Dabei handelt es sich um nichts anderes als Maßnahmen, die dir helfen, existierende Automatismen in deinem Gehirn durch andere zu ersetzen. Wenn du also bisher bei einem Impuls daran gedacht hast, die Aufgabe abzubrechen, dann entwickelst du jetzt einen gegensätzlichen Glaubenssatz, wie z. B.: „Ich bleibe an der Aufgabe dran, weil die Aufgabe mir … (Vorteil nennen) bietet. Der Impuls ist unattraktiv."

> **Aufgabe 4**
>
> Entwickle Glaubenssätze, die den Impuls unattraktiv machen. Ein oder zwei Sätze pro Glaubenssatz sollten ausreichen. Wichtige Regel: Verwende keine Negationen (z. B. nicht, keine), weil das Unterbewusstsein diese nicht wahrnimmt. Sprich klar die Attraktivität der Aufgabe aus und mache den Impuls unattraktiv. Wiederhole deinen Glaubenssatz regelmäßig. Am besten, du sprichst ihn jeden Morgen fünf Minuten lang vor einem Spiegel aus.

Automatismen sind also das Ziel, Glaubenssätze stellen den Weg dorthin dar. Wenn du die Automatismen durch laut, fokussiert und mit Überzeugung ausgesprochene Glaubenssätze übst, wirst du der anfänglichen Versuchung besser widerstehen können. Nach mehreren Tagen oder einigen Wochen Übung sollte es dir gelingen, den Impuls, der dich zur Prokrastination verleitet, zumindest zeitweise zu unterdrücken. Dies wird der Schlüssel zu etwas mehr Selbstkontrolle sein, denn dein erster Gedanke wird fortan sein: „Moment, dieser Impuls ist unattraktiv, weil mir die Aufgabe Vorteil XY verschafft." Es regt sich also der erste Widerstand, was ein Anfang auf dem Weg zur Selbstkontrolle ist.

Drittens: Etappen festlegen, Steigerungen durchführen.

Wenn du imstande bist, eine Zeit lang dem negativen Impuls zu trotzen und die Aufgabe durchzuführen, ist es ein Erfolg. Herzlichen Glückwunsch dazu! Jetzt wirst du daran arbeiten, die Zeitspanne zu vergrößern, über die du dem Impuls trotzt. Diese Maßnahme trägt zur Abhärtung bei. Wenn du jedes Mal ein bisschen länger dem Impuls trotzt und deine Aufgabe machst, wirst du langfristig dem Impuls besser widerstehen können. Selbst- und Impulskontrolle werden häufig mit Selbstdisziplin in einem Atemzug genannt. Denn eine Steigerung der Disziplin bedeutet, negativen Impulsen über einen längeren Zeitraum wirksamer zu trotzen.

Kommen wir nun zur Praxis: Du steigerst deine Selbstkontrolle, indem du in Etappen vorgehst. Du legst eine Etappe fest, bis zu der du ohne Nachgeben durchhalten möchtest. Dann gibst du dem Impuls nach. Ob du nach dem Nachgeben die Aufgabe wiederaufnimmst oder komplett abbrichst, entscheidest du selbst. Weil es von der Art der Aufgabe und weiteren Faktoren abhängt, machen Vorgaben an dieser Stelle keinen Sinn.

Ein paar nähere Infos zur Etappe: Wenn du es schaffst, bis zu der von dir bestimmten Etappe durchzuhalten, dann ist ein Ziel erstmal erreicht. Im Anschluss geht es ans nächste Ziel, nämlich eine längere Etappe. Um dich nicht zu überfordern, macht es Sinn, eine Etappe beizubehalten und eine gewisse Anzahl an Malen zu erreichen.

Gehen wir als Beispiel davon aus, dass du von deinem Vorhaben, weniger Alkohol zu trinken und dafür am Abend für das Studium zu lernen, abgebracht wirst, weil dich das Studentenleben mit all seinen Versuchungen reizt: Etappe 1 könnte sein, nur an den Wochenenden zu trinken, falls du es bisher öfter getan hast. Nachdem du dies einen Monat lang geschafft hast, trinkst du nur noch an einem Wochenendtag. Nachdem dies zwei Monate lang geklappt hat, steigerst du die Etappe nochmals auf ein von dir gewünschtes Niveau. Es geht also darum, die Anforderungen immer wieder zu steigern, bis du das angepeilte Level erreicht hast.

> **Aufgabe 5**
>
> Lege fest, welche Etappen realistisch und durchhaltbar für dich sind. Überlege, in welchen Abständen du dir zutraust, die Anforderungen zu steigern. Wähle ein Tempo, das dir zusagt und das ermutigend ist.

Du gestaltest die einzelnen Etappen für dich attraktiver und steigerst deine Disziplin, wenn du Belohnungen festlegst. Diese Belohnungen gewährst du dir immer dann, wenn du alles nach Plan umgesetzt hast. Die Belohnungen dürfen aber nicht den Fortschritt zunichtemachen. Es sollte alles so abgestimmt sein, dass es dich voranbringt.

Eine weitere Maßnahme, die deine Disziplin steigert, ist das Festhalten deiner Fortschritte, sodass du sie dir bildlich oder schriftlich vor Augen führen kannst. Hierfür nützt dir dein Tagebuch aus dem ersten Schritt. Sofern du dich zur langfristigen Tagebuchführung entschlossen hast, profitierst du nun also doppelt. Wie du an der Tagebuchführung und dem Festhalten deiner Fortschritte siehst: Alle Schritte in diesem Buch hängen miteinander zusammen und werfen dann den größten Effekt ab, wenn sie im Verbund durchgeführt werden – am besten in der vorgeschriebenen Reihenfolge. Eine Alternative zum Tagebuch für die Dokumentation des Fortschritts sind Checklisten, Visualisierungen mit Bildern und Gespräche mit anderen Personen, in denen du von deinem Fortschritt berichtest. Hier beziehst du das Umfeld als bereits vorgestellten wichtigen Faktor ein.

Viertens: Ablassventil für den Impuls finden.

Der vierte Punkt deiner Selbstkontrolle-Kur zieht der Wirksamkeit des Impulses den Zahn. Du hast bereits gelernt, den Impuls während der Durchführung deiner Aufgabe eine Zeit lang zu kontrollieren. Ein Problem dürfte aber nach wie vor darin bestehen, dass es dich mit zunehmender Dauer der Aufgabe weiterhin dazu drängt, dem Impuls nachzugeben. Der Auslöser des Impulses zum Aufschieben hat seine Wirksamkeit: Nachdem du einige Zeit mit der Aufgabe verbracht hast, merkst du, dass du dich dazu hingezogen fühlst, dem Impuls nachzugeben. Der anfängliche Glaubenssatz, der Impuls sei unattraktiv, wird mit Dauer der Übung schwächer, weil sich nicht mehr leugnen lässt, dass du die Aufgabe eigentlich nicht machen willst.

Wichtig ist an dieser Stelle, dass du bei den ersten drei in diesem Kapitel vorgestellten Schritten bleibst und sie regelmäßig durchführst. Übe nach wie vor jeden Morgen die Aussprache der Glaubenssätze. Aber wie schaffst du es, die Wirksamkeit deiner Glaubenssätze zu verbessern, sodass du konsequent an deiner Aufgabe dranbleibst und der Impuls nicht mehr so stark wirkt? Die Lösung ist ein Ablassventil: Für jeden Impuls gibt es mindestens ein passendes Ablassventil, das den Vorteil hat, dass es die Wirksamkeit des Impulses mindert, weil dem Impuls durch das Ablassventil bereits nachgegeben wurde. Ein Beispiel aus der Wuttherapie ist Sport: Der Wutimpuls fällt schwächer aus, wenn am Tag zuvor bereits intensiv Sport gemacht wurde, weil weniger Energie verfügbar ist. Diese Erkenntnis ist nun auf die Aufschiebe-Impulse anzuwenden. Anschließend ist die Entschlossenheit bei der Durchführung der Aufgabe größer.

> **Aufgabe 6**
>
> Überlege, welche Ablassventile es für deinen Impuls geben könnte. Da die Ablassventile sehr unterschiedlich sein können, kann die notwendige Häufigkeit und Dauer ihrer Nutzung variieren. Musst du es täglich über eine Stunde lang nutzen oder mehrere Male in der Woche jeweils zehn Minuten? Probiere zwei Wochen lang die dir einfallenden Ablassventile aus und schaue, wie sie dir am besten helfen, deinen Impuls zu entkräften, sodass du bei der Aufgabe möglichst wenig Drang verspürst, dem Impuls nachzugeben.

Übung und Fleiß spielen bei den Ablassventilen eine Rolle. Impulse, die sich durch zu viel Energie bemerkbar machen (z. B. Aggressionen, Ungeduld, Unruhe), werden meist durch sportliche Aktivitäten behoben. Wenn du dich körperlich und/oder mental ordentlich ausgepowert hast, wird dein Drang zum Nachgeben geringer ausfallen – wo soll schließlich die Energie herkommen?

Andere Impulse (z. B. eintretende Zweifel, Entmutigung) können im Verlaufe der Übung eintreten, wenn du merkst, dass die Durchführung der Übung nicht nach Plan verläuft. In diesem Fall lohnt es sich, wenn du einen Tipp aus den vorigen Kapiteln als Ablassventil nutzt: mit dem leichteren Teil der aufgeschobenen Aufgabe beginnen. Dann nämlich siehst du, dass du imstande bist, die Aufgabe zu bewältigen. Deine Zweifel werden beseitigt.

Falls du dazu neigst, dich durch elektronische Geräte ablenken zu lassen, wirke dem Impuls am besten durch festgelegte Zeitfenster tagsüber entgegen, in denen du dir erlaubst, die Geräte mit voller Hingabe zu nutzen. Darüber hinaus aber nutzt du sie nur, wenn es nötig ist. Dadurch hast du den Impuls selbst als Ablassventil genutzt, nur eben zu einer passenderen Zeit.

Fünftens: Positive Trends übertragen.

Wenn du so weit bist, dass du die Etappen gesteigert hast und die Wirksamkeit des Impulses durch Ablassventile reduziert hast, stehen dir nur noch zwei Schritte bevor, um langsam, aber sicher die langfristige Selbstkontrolle zu gewinnen.

1. Behalte das Programm aus den ersten vier Schritten bei: Gewissermaßen handelt es sich bei dem, was du bisher in den vier Schritten gemacht hast, um eine Umgewöhnung. Umgewöhnungen und Entzüge nehmen ihre Zeit in Anspruch. Wenn du denkst, du wärst über den Berg, kann das Gegenteil der Fall sein. Insbesondere zu schnell durchgeführte Umstellungen bergen die Gefahr mangelnder Festigkeit. Behalte das bisherige Programm aus den Schritten 1 bis 4 deswegen bei. Wenn du das Gefühl hast, starke Probleme gehabt zu haben bzw. zu haben, dann behalte die vier ersten Schritte sechs Monate bei. Bei einem leichten Fall von Aufschieberitis sollten drei Monate ausreichend sein.
2. Zusätzlich ist es wichtig, dass du die positiven Trends überträgst. Sie zu übertragen bedeutet, dass du in anderen Lebensbereichen ebenfalls davon profitierst. Denn in je mehr Situationen du Selbstkontrolle beweist, umso mehr wird es zu einem neuen prägenden Charakterzug. Kommt es dazu, dass du deinen Charakter grundlegend zu einem kontrollierten gewandelt hast, so musst du nicht mehr den ersten Schritten nachkommen und strahlst in jedweder Situation volle Kontrolle aus – ein absoluter charakterlicher Zugewinn!

Mal angenommen, du würdest nur in Bezug auf die aufgeschobene Aufgabe Selbstkontrolle ausstrahlen: Dies würde zwar deinem Ziel entsprechen, die Aufgabe ohne Beachtung für die störenden Impulse besser durchführen zu können. Aber wenn die Selbstkontrolle in allen anderen Lebensbereichen fehlen würde, wäre das Risiko vorhanden, rückfällig zu werden. Denn irgendwann würdest du die ersten vier Schritte (Tagebuchführung etc.) nicht mehr konsequent praktizieren und es würden sich nach und nach Lücken ergeben; Lücken, in denen deine vorigen Charaktereigenschaften durchblitzen könnten. Wenn du hingegen deinen Charakter komplett wandelst und die gewonnene Selbstkontrolle auf möglichst viele Lebensbereiche überträgst, erweiterst du deine neuen Automatismen. Das Gehirn gewöhnt sich daran, in immer mehr Situationen kontrolliert zu reagieren und vor dem Nachgeben abzuwägen, ob es die jeweiligen Impulse wert sind. Überlege mal scharf: In welcher Situation ist es nicht vorteilhaft, vor einer Entscheidung abzuwägen? Nur in wenigen Ausnahmefällen. Mache es also zu deinem Charakterzug, Impulsen und Versuchungen trotzen zu können, um überall im Leben erfolgreicher zu sein, nicht mehr nachzugeben und an den eigenen Zielen sowie Träumen dranzubleiben.

Wie überträgst du die positiven Trends in andere Lebensbereiche?

1. **Führe alle Übungen aus Erstens bis Viertens für andere Lebensbereiche durch!** Lege bei der Tagebuchführung nicht mehr nur den Schwerpunkt auf deinen Umgang und deine Gefühle mit dem Aufschieben, sondern auch auf andere Aufgaben, Herausforderungen und Freuden des Tages. Gehe so bei allen vier bisherigen Schritten vor.
2. **Beginne mit den einfachsten Herausforderungen!** Wenn du deinen Charakter über das Aufschieben hinaus kontrollierter gestalten möchtest, solltest du

zielführende Glaubenssätze zur Lösung aller Probleme entwickeln. Beginne bevorzugt mit den Punkten, bei denen es dir leichter fällt, Selbstkontrolle zu üben.
3. **Lasse dich prüfen!** Begib dich – sofern möglich – regelmäßig in Situationen, in denen deine Selbstkontrolle auf die Probe gestellt wird. Damit sind auch harte Fälle gemeint. Der Charakter wird vor allem durch das Verhalten in Extremsituationen definiert; sicher erinnerst du dich passend zu dieser These an die *Teachable Moments* aus der Einleitung ... Stelle sicher, dass du die absolute Kontrolle hast und dich sogar stärkere Impulse nicht aus dem Gleichgewicht bringen.

Das Wichtigste auf den Punkt gebracht

- Ehe du deinen Charakter auf mehr Selbstkontrolle trainierst (langfristige Maßnahmen), sorgst du für die idealen Voraussetzungen, um eine sofortige Hilfe gegen die negativen Impulse zu erhalten (kurzfristige Maßnahmen).
- Ideale Voraussetzungen sind durch einen Arbeitsort geschaffen, der möglichst wenige Ablenkungen bietet. Außerdem solltest du die Impulse identifizieren und Gegenmaßnahmen festlegen, die du ausspielst, sobald die Impulse eintreten.
- Parallel beginnst du, langfristig daran zu arbeiten, Selbstkontrolle zu deinem Charakterzug zu machen.
  - Führe hierfür zunächst Tagebuch, um dir aller negativen Impulse und der Wirkung auf deine Emotionen bewusst zu werden.
  - Formuliere und wiederhole regelmäßig Glaubenssätze, die als erster Automatismus dazu

beitragen, dass du dem Impuls nicht sofort nachgibst.
- Lege Etappen fest, um immer länger ohne Aufschieben an der Aufgabe dranzubleiben. Steigere die Etappen mit der Zeit.
- Suche Ablassventile für die Emotionen, die die negativen Impulse in dir wecken, um den Impulsen die Wirksamkeit zu rauben.
- Übertrage die Vorteile der erlangten Selbstkontrolle auf andere Lebensbereiche, um Selbstkontrolle zu deinem neuen generellen Charakterzug zu machen, der sich sofort und automatisiert in sämtlichen Kontexten einstellt.

Konzept 4 | Priorisieren, entspannen und entschleunigen

Es ist denkbar, dass du wegen zu vieler Pflichten einzelne oder mehrere Aufgaben aufschiebst. Aus diesem Grund ist es wichtig, dir eine andere Sichtweise zu zeigen. Diese Sichtweise sieht den Fehler nicht in dir, sondern als ein klassisches Phänomen der heutigen Zeit. In dieser zunehmend digitalisierten und schnelllebigen Welt kann es schwerfallen, bei all den vielen sich bietenden Perspektiven „Nein" zu sagen. Wenn du alle dir sich bietende Chancen möglichst schnell nutzen willst, kann es sein, dass du dich selbst übernimmst. Selbst die disziplinierteste und kompetenteste Person würde in diesem Fall langfristig einen Drang zum Aufschieben entwickeln.

Dieses Kapitel bietet dir Hilfestellung, um zu erkennen, ob du dir zu viele Bürden auferlegt hast. Falls ja, dann stellt es dir Wege, Mittel und Anleitungen bereit, die dir helfen, deine Prioritäten besser zu setzen. Du wirst die Bedeutung von Freiräumen kennenlernen, die für deine Gesundheit ein großer Vorteil sind. Mit den Freiräumen wirst du dich in der digitalen schnelllebigen Welt mal entspannen und mal entschleunigen, um Energie zu tanken und überhaupt die Möglichkeit zu haben, Aufgaben mit Engagement und Konzentration anzugehen. Denn eines ist klar: Ohne aufgefüllte Energiespeicher wirst du immer häufiger aufschieben, weil du keine Kraft hast. Der Mensch ist eben nur Mensch und keine Maschine – dies gerät im Zuge der Digitalisierung manchmal außer Augen.

Je mehr du übst und je besser es dir gelingt, sogar in hochstressigen Situationen in den Entspannungsmodus zu schalten, umso voller wird dein Terminplan sein können, ohne negative Auswirkungen auf deine Psyche und deine Gesundheit zu haben. Wie du siehst: Wenn du alles richtig machst, ist eine große Menge an Pflichten und Aufgaben nicht zwingend schlecht und sogar erlaubt. Aber Schritt für Schritt …

Wissenschaft mit klarer Meinung

Dem Umstand, dass die Digitalisierung in aller Munde ist und voranschreitet, haben wir es zu verdanken, dass sie in jedweder Hinsicht gut erforscht wird. Immer mehr rückt dabei die Wirkung auf die Psyche in den Vordergrund. Mehrere Studien gingen der Wirkung der Digitalisierung auf den Menschen nach. Springer Professional zitiert aus dem Buch *CSR und Digitalisierung* folgende Aussage von Miriam Goos:

„Das digitale Zeitalter hat eine große Wirkung auf die Wahrnehmung und die Wichtigkeit der Gesundheit beim Menschen. Psychische Erkrankungen durch Reizüberflutung des Gehirns und durch die rasanten Veränderungen der digitalen und globalisierten Welt sind in den letzten Jahren deutlich auf dem Vormarsch."

Je nach Unternehmen, kann es sein, dass bis zu 40 digitale Programme auf den Arbeitsgeräten zum Einsatz kommen. Darüber hinaus werden Bereiche digitalisiert, die zuvor jahrzehntelang nicht digitalisiert waren. Für ältere Arbeitnehmer, aber ebenso jüngere mit wenig Hang zu digitalen Anwendungen, ergeben sich neue Herausforderungen zusätzlich zu den ohnehin existenten Aufgaben des Berufs. Unternehmen brüsten sich mit Big Data (große generierte Datenmengen) und einer Vielzahl professioneller Tools, während Arbeitnehmer dadurch höheren Anforderungen ausgesetzt sind. Zwar stellen neueste Technologien wie die Künstliche Intelligenz in Aussicht, den Angestellten den Alltag zu vereinfachen, aber meist wird die gewonnene Zeit nicht den Arbeitnehmern geschenkt, sondern im Gegenzug mehr verlangt als zuvor.

Digitalisierung – gefangen zwischen Pflichten und Perspektiven?

Die Digitalisierung sorgt nicht nur für negative Aspekte, die zur Überforderung der Menschen führen können. Auch verschafft sie neue Perspektiven. Wann zuvor war es leichter, sich selbstständig zu machen und einen Nebenverdienst zu verzeichnen – ohne Miete für einen Laden, ohne Angestellte, stattdessen mit einer bloßen Website zur Präsenz und Programmen als Hilfe? Die Perspektiven sind noch weitreichender. Die Wirtschaft befindet sich auf einem Expansionskurs und die Digitalisierung hat daran maßgeblichen Anteil, denn die Technologie-Aktien schießen durch die Decke. Auch Unternehmen, die nicht dem Technologie-Sektor zuzuordnen sind, können dank der Digitalisierung Geschäftsmodelle entwickeln, die sich besser erweitern und vermarkten lassen. All diese Umstände führen dazu, dass vielen Personengruppen mehr Möglichkeiten offenstehen. Diese Möglichkeiten machen sich sogar schon im frühen Alter bemerkbar, wenn Kinder sich durch den Besitz digitaler Endgeräte besser mit Freunden verknüpfen können. Insbesondere die sozialen Medien schaffen hierzu den benötigten Rahmen. Schon junge Personen haben die Aussicht, sich auf digitalen Wegen Bekanntheit zu verschaffen und Reichweite zu gewinnen. Da macht mittlerweile die Minderjährigkeit keinen Unterschied.

All diese vielen Möglichkeiten für Personen jedweder Altersgruppe sind zunächst etwas Positives. Denn Perspektiven bedeuten Wahlfreiheit. Wahlfreiheit bedeutet eine größere Chance, das Leben zu führen, das man sich wünscht. Das Verfolgen der eigenen Wünsche bedeutet Streben nach Glückseligkeit. Sind diese Schlussfolgerungen richtig? Teils ja, teils nein.

Denn das Vorhandensein an Perspektiven birgt die Qual der Wahl. Und weil in einer digitalisierten Welt vieles gleichzeitig bewältigt werden kann, ist es nicht abwegig, dass vieles gleichzeitig versucht wird. Dabei kann schon eine zusätzliche Sache auf der täglichen Agenda überfordern und zum Aufschieben führen. Damit ist der Kern des Problems klar und eine eventuelle Ursache für deine Prokrastination tritt zum Vorschein: die Überbeschäftigung. Erinnerst du dich, wie du im ersten Kapitel erfahren hast, dass Prokrastination manchmal die logische Folge einer Überforderung sein kann und gar nicht zwingend etwas mit persönlicher Schwäche zu tun haben muss? Genau dies ist ein Problem, das im digitalen Zeitalter vermehrt auftritt.

Abgesehen davon, dass Personen schon bei der Arbeit durch eventuelle Umstellungen, ständig erneuerte Arbeitsprozesse und die erhöhten Anforderungen durch Leistungsmessung sowie Digitalisierung unter Hochspannung stehen, kommen dann noch die selbst auferlegten Herausforderungen dazu. Es wird aufgeschoben, weil irgendwann der Geist, die Konzentration und auch sonst vieles nicht mehr funktionieren.

Die Kunst ist also, um sich selbst nicht zwischen Pflichten und Perspektiven zu verlieren, das richtige Maß an Aktivität und die richtigen Aktivitäten auszusuchen. Der Weg hierzu führt über Priorisierung bei der Wahrnehmung von Pflichten und die Eingliederung von Pausen in den persönlichen Alltag. Ansonsten droht es, dass die Konsequenzen des

Überangebots und der Überbeschäftigung dich unangenehm treffen.

Folgen des Technostresses

„Technostress" ist eine Bezeichnung, die vom Psychologen Craig Brod im Jahre 1984 eingeführt wurde. Damit wird die moderne Krankheit beschrieben, mit den IKT (Informations- und Kommunikationstechnologien) nicht korrekt umgehen zu können. Technologische, kognitive und soziale Überforderung durch IKT führen demnach bei betroffenen Personen zum Technostress.

Als Ursachen für den Technostress werden u. a. Multitasking (mehrere Aufgaben zur selben Zeit), Zwang der permanenten Erreichbarkeit, verschwimmende Grenzen zwischen Arbeits- und Privatleben sowie Überforderung durch Komplexität der Technik angeführt. Die Folgen von Technostress sind mitunter:

- Erschöpfung
- Kopfschmerzen
- Konzentrationsprobleme
- Burn-out
- Angstgefühle

Sind all das nicht zugleich Faktoren, die das Aufschieben fördern? Gewiss sind sie das!

Ein Burn-out bleibt bei Personen häufig lange Zeit unentdeckt. Die Personen fragen sich, wieso sie eine so starke Antriebslosigkeit verspüren. Sie sind da, aber fühlen sich geistig abwesend. Lange Schlafzeiten und mangelnde Überwindung zur Durchführung von Aufgaben rauben kostbare Zeit.

> **Hinweis!**
>
> Der Burn-out ist eine der mächtigsten und schlimmsten Ursachen fürs Aufschieben, weil es eine psychische Erkrankung ist. Solltest du die Symptome eines Burnouts rund um die Uhr und stark ausgeprägt haben, ist es nur richtig, wenn du entschleunigst und dich zum Facharzt begibst. Er wird die Gründe für deine Abgeschlagenheit und Antriebslosigkeit feststellen. Eventuell ist es halb so wild und du hast nur einen Vitaminmangel, eventuell sind es aber sogar Depressionen. Immer dann, wenn die Welt auch außerhalb deiner Pflichten bei eigentlich bevorzugten Aktivitäten nicht mehr hell und motivierend, sondern dunkel und deprimierend erscheint, ist der Schritt zum Arzt die richtige Maßnahme.

Auch die anderen in der Aufzählung genannten Probleme schärfen das Bewusstsein dafür, wie viele Nachteile sich durch eine Überforderung mit digitalen Technologien für das Durchhaltevermögen bei Aufgaben ergeben. Personen, die gewisse Kompetenzen haben, kommen gut mit dem Technostress klar oder vertragen ihn zumindest gut. Zu diesen Kompetenzen zählt u. a. eine hohe Selbstwirksamkeit. Diese nennt der Autor Srivastava (2015) als ein Kriterium, um mit dem Technostress besser klarzukommen. Also ist eine ausgeprägte Selbstwirksamkeit nicht nur zur Vermeidung der Prokrastination hilfreich, sondern ebenso zur Reduzierung des Technostresses.

Du schlägst also, wenn du alle Ratschläge in diesem Buch befolgst, mehrere Fliegen mit einer Klappe. Eine größere Selbstwirksamkeit reduziert nämlich den Technostress, weil du deinen Aufgaben besser und effektiver nachkommst. Eine schnellere Bewerkstelligung der Aufgaben wiederum führt dazu, dass du seltener aufschiebst und weniger Stress erleidest.

1. Schritt: Vor dem Entschleunigen kommen die Prioritäten.

Bevor du aktiv zur Entschleunigung beiträgst, solltest du Prioritäten definieren. Durch Prioritäten legst du deinen Aufgabenplan fest. Überall dort, wo sich Lücken ergeben, hast du den essenziellen Freiraum für Entschleunigung. Wie viel Freiraum du brauchst, legst du selbst fest. Meist geht es nur übers Probieren. Du testest Maßnahmen zur Entschleunigung und schaust, welche dieser Maßnahmen in welcher Häufigkeit am besten wirken.

Um die Prioritäten richtig zu setzen, bedarf es der Antworten auf mehrere Fragen:

1. Was brauchst du zum Leben?
2. Was möchtest du darüber hinaus im Leben?
3. Wie viele Freiräume brauchst du?
4. Was kannst/musst du entbehren?
5. Wie entschleunigst du und wie wirkt es?

Frage 1: Was brauchst du zum Leben?

Zuerst machst du eine Liste mit Dingen, die du zum Leben brauchst. Bei dem Gedanken, was der Mensch zum Leben braucht, fallen meistens zuerst die Begriffe Wohnung, Geld, Essen und Sauerstoff. All das stimmt. Einige Dinge hast du unentgeltlich, wie den Sauerstoff. Andere wiederum musst du dir kaufen. Dies trifft z. B. auf eine gemietete oder gekaufte Immobilie zum Wohnen, Strom und Wasser sowie Essen zu. Zum Kauf brauchst du Geld. Geld verdienst du in der Regel durch Arbeit.

Solange dir das verdiente Geld reicht, trägst du in die Liste nur deine Arbeit ein. Wenn du schon längere Zeit Geldprobleme hast, solltest du eintragen, dass du deine Arbeit und zusätzlich einen weiteren Job *oder* ein höheres Gehalt brauchst – schließlich hast du Geldprobleme und diese verschwinden nicht von allein. Dies ist gleichbedeutend mit der ersten Priorität, die du dir setzt.

Zu beachten sind auch tiefe Bedürfnisse. Gesellschaft, Freundschaft und Unterstützung wären solche Bedürfnisse. Nur wenn du glaubst, dass du dein ganzes Leben ohne Familie, Freundschaft, Gesellschaft und jedwede Art von Unterstützung leben könntest, darfst du diese Dinge aus der Liste weglassen. Es gleicht einer utopischen Vorstellung, ein Leben ohne diese Bestandteile zu führen. Schreibe sie also auf.

> ### Aufgabe 1
> Verfahre so, wie bisher beschrieben, indem du alle Dinge, die du brauchst, auf ein Blatt Papier schreibst. Nachdem alle Dinge notiert sind, prüfst du in deiner Liste, wie die Dinge zusammenhängen. Beispiel: Durch Arbeit erhalte ich Geld und Wohnung, also steht Arbeit an erster Stelle und das Geld und die Wohnung kannst du streichen. Auf diesem Wege kürzt du die Liste und hast die wichtigsten Sachen auf der Liste stehen, aus denen sich die anderen Dinge ergeben.

Frage 2: Was möchtest du darüber hinaus im Leben?

Zum Leben gehören auch Wünsche, Träume, Ziele und andere persönliche Begierden. Es ist nicht auszuschließen, dass es Personen gibt, die mit dem, was sie im Leben bereits haben, wunschlos glücklich sind. Personen, die einen Job ausüben, den sie lieben, und als Ausgleich ihre Familie haben, geben sich manchmal schon mit diesen Dingen komplett zufrieden. Sie sind glücklich, ein Leben zu führen, wie sie es tun. Wiederum existieren Personen, die mehr haben oder tun möchten. Diesbezüglich solltest du dich nun selbst hinterfragen.

Lasse dich bei dieser elementaren Frage 2 auf keinen Fall von dir selbst täuschen. Denn wie du bereits gelernt hast, hat der Mensch so manches Täuschungspotenzial sich selbst gegenüber. Deswegen ist es auch in Bezug auf die Prioritätensetzung im Leben wichtig, Tagebuch zu führen. Dadurch, dass du Tagebuch führst, hinterfragst du dich. Du spürst, was im Trubel des Tages sonst untergeht. Die Tagebuchführung und – falls andere Personen in deine Ziele und Wünsche involviert sind – offene Dialoge mit Mitmenschen über Emotionen und Gedankenregungen werden dir helfen, aufzudecken, was du wirklich im Leben möchtest. Auch in einer perfekten Ehe kann hin und wieder der Drang zu Abwechslung aufkommen. Auch bei einem perfekten Job kann im Inneren ein Gefühl herrschen, dass man mehr erreichen möchte, was leider bei dem aktuellen Arbeitgeber nicht möglich ist.

Was du wirklich über die existenziellen Bedürfnisse hinaus in deinem Leben möchtest, ist ein elementarer Schlüssel zum Glück. Hier ist Platz für Träume, Selbstverwirklichung, Familienglück, die kleinen kitschigen Momente des Lebens, den „Thrill", die Naturnähe, die Reiselust. Zudem definiert sich anhand der existenziellen Bedürfnisse (Antworten auf Frage 1) in Kombination mit deinen Wünschen und Zielen (Antworten auf diese Frage 2), wie viele Freiräume du brauchst.

Frage 3: Wie viele Freiräume brauchst du?

Würde man es in einer mathematischen Formel formulieren, wie die Fragen 1 bis 3 zusammenhängen, lautete die Formel wie folgt:

Tag (24 Stunden)
  = täglicher Zeitaufwand für existenzielle Bedürfnisse (x)
  + täglicher Zeitaufwand für Wünsche & Ziele (y)
  + täglicher Zeitaufwand für Freiräume (z)

Du hast also einen Zeitraum x, in dem du all den Aktivitäten nachgehst, die du zur Sicherstellung deiner existenziellen Bedürfnisse erfüllen musst. Hinzu kommt ein Zeitraum y, den du für Aktivitäten aufbringst, die in Zusammenhang mit deinen Wünschen und Zielen durchzuführen sind. Zuletzt wäre ein Zeitraum z zu beachten, den du für Freiräume brauchst. Ein Freiraum, den jede Person braucht, ist der zum Schlafen. Geflügelte Sprüche wie „Schlafen kann man, wenn man tot ist." werden von Leuten vereinzelt bewundert, sind aber als Lebensphilosophie keineswegs nachhaltig. Es ist erwiesen, dass Schlafmangel zu Herz-/Kreislauferkrankungen und weiteren ernsten gesundheitlichen Beschwerden führen kann. In diesem Sinne ist ein reichhaltiger Schlaf absolut ernst zu nehmen. Erwachsenen wird in der Regel zu einer Schlafzeit von sechs bis acht Stunden geraten. Befolgst du diesen Rat, tust du deiner Gesundheit Gutes.

„Aber bei sechs bis acht Stunden Schlaf sind schon ein Drittel oder ein Viertel des Tages für Freiräume geopfert!" Das mag sein. Aber insbesondere an diesem – durch die menschliche Natur definierten – großzügigen Zeitraum für Schlaf wird deutlich, wie wichtig Freiräume sind. Plane bei Freiräumen stets großzügig. Denn wenn du erstmal verbindliche Pflichten und Aufgaben angenommen hast, ist es nicht immer oder sogar nur selten einfach, die Freiräume wiederzuerlangen.

> ### *Aufgabe 2*
>
> Lege als Fortsetzung zu Aufgabe 1 in deiner Liste die Antworten auf Frage 2 aus dem vorigen Unterkapitel und Frage 3 aus diesem Unterkapitel fest. Berücksichtige dabei deine existenziellen Bedürfnisse und den dafür benötigten Zeitaufwand aus der ersten Frage. Da alle drei Fragen eng miteinander verknüpft sind, solltest du die Aufgabe gewissenhaft erledigen. Sei ehrlich zu dir selbst. Wenn du merken solltest, dass die „Formel" nicht aufgeht, weil du dir zu vielen Pflichten und Ziele auf einmal auferlegst und kaum Freiräume hast, ist das schon mal ein erster Hinweis darauf, dass das Aufschieben bei dir aus blanker und natürlicher Überforderung resultiert. Die Schuld für das Aufschieben liegt in diesem Fall zumindest nicht komplett an Charakterschwäche, mangelnder Disziplin oder einer anderen der thematisch bereits abgehandelten Ursachen.

Frage 4: Was kannst/musst du entbehren?

Es bestehen nun zwei Möglichkeiten: Entweder merkst du, dass auf deiner Liste zu viele Aufgaben und zu wenige Freiräume sind. Dies ist dann der Fall, wenn du tagsüber keine ein oder zwei Stunden Zeit hast, um dich mal zurückzulehnen und einfach nur zu faulenzen. Hobbies wie Sport gelten übrigens nicht als Freiraum, wenn sie mit Leistungsdruck oder hohen Anforderungen verknüpft sind. Sie sind eine Sache, die du gern machst. Aber um wirklich von einem *Frei*raum zu sprechen, musst du die Zeit frei verfügbar haben. Dass es über einige Wochen oder an einigen Tagen aus privaten sowie beruflichen Gründen sein kann, dass es kaum oder gar keine Freiräume gibt, ist normal. Aber ein Dauerzustand darf es nicht sein, weil es ungesund und erschöpfend ist.

Nun ein wichtiger Punkt: Freiraum bedeutet auch, dass du dich in dieser Zeit nicht oder wenig von digitalen Geräten ablenken lässt. Täglich dreistündige Freiräume, die du nur mit Nachrichten tippen, Videochats und sozialen Medien verbringst, laugen dich über längere Zeit aus. Es ist wichtig, dass ein frei verfügbares Vakuum tagsüber gegeben ist, welches du für alle dir spontan in den Sinn kommende Aktivitäten nutzen kannst.

Wenn zu wenig – oder auch zu viel; wobei das angesichts deiner Prokrastination unwahrscheinlich ist – Freiraum vorhanden ist, nimmst du Anpassungen vor. Möglicherweise sind dir Geschichten von Top-Managern/innen zu Ohren gekommen, die reichlich Geld hatten und aus Unzufriedenheit über das eigene Leben ihren Job komplett schmissen. Sie hatten in ihrem Leben so viel entbehrt, dass sie auf einen Schlag fast den kompletten Tag als Freiraum hatten. Wahrscheinlich wird dies auf den Großteil der Leser nicht zutreffen. Deswegen erfolgt bei dir die Arbeit über kleine Entbehrungen, wie z. B.:

- abends weniger Fernsehen gucken (falls dein Tagesausklang üblicherweise auf diesem Wege erfolgt)
- tagsüber weniger digitale Medien konsumieren (falls tagsüber der Konsum ausgeprägt ist)
- Zeit für soziale Kontakte reduzieren (nur, falls es nicht zielführende oder negative Kontakte im persönlichen Umfeld sind)
- Arbeitsaufwand reduzieren (nur, falls möglich und die bisherige Arbeit in dem bisherigen Ausmaß nicht notwendig war)
- an weniger Wünschen und Zielen zeitgleich arbeiten (erst das eine realisieren, dann mit dem anderen beginnen)

> morgens früher aufstehen (falls zu lange – d. h. über sechs bis acht Stunden hinaus – geschlafen wird)

Aufgabe 3

Und wie sieht es bei dir aus? Was kannst du entbehren? Etwas aus dieser Aufzählung oder hast du noch weitere Einfälle? Schreibe für deine individuelle Situation mindestens fünf maßgeschneiderte Punkte auf, bei denen du Zeit entbehren kannst, um mehr Freiräume zu schaffen.

Frage 5: Wie entschleunigst du und wie wirkt es?

Nachdem du die Räume geschaffen hast, solltest du sie besetzen. Wie du die Räume besetzt, werden dir die nächsten zwei Schritte dieses Kapitels nach Abschluss dieser Frage 5 verraten. Hierfür wirst du mehrere Methoden an die Hand bekommen, die von fernöstlichen Ansätzen über europäische schulmedizinische Mittel bis hin zu allgemein bekannten Maßnahmen reichen.

Ehe wir zu diesem Schritt kommen, sei darauf hingewiesen, dass du alle Maßnahmen regelmäßig bewerten solltest: Wie wirken deine Freiräume? Wenn du mehr Drang zur Durchführung von Aufgaben verspürst, weil du in den Freiräumen reichlich Entspannung hast und deine Energiereserven wirksam auflädst, dann läuft alles nach Plan. Vielleicht liegen dann sogar zu viele Freiräume vor. Du könntest überlegen, sie leicht zu reduzieren, um zu gucken, was passiert.

Was geschieht aber, wenn du merkst, dass die Freiräume nicht ausreichen, aber du nicht mehr Kapazität für Freiräume hast? In diesem Fall hast du zwei Optionen:

1. **Hilfe holen.** Du schaffst dir „Assistenz" an. Diese Assistenz kann wortwörtlich verstanden werden oder im übertragenen Sinne. Wortwörtlich bedeutet es, dass du Assistenten einstellst. Vor allem Personen in Positionen mit hoher Verantwortung sträuben sich dagegen, Verantwortung abzutreten. Sie wollen das Glück ihres Unternehmens, ihres Kindes oder einen anderen Faktor nicht in die Hände von anderen Personen legen. Dabei gibt es reichlich Beispiele für erfolgreiches Delegieren. Wenn du Personen gut aussuchst, was manchmal mehrere Tests erfordert, musst du dir kaum Sorgen machen. Ein anderes Beispiel für Assistenz ist, falls du im übertragenen Sinne von Assistenzen Gebrauch machst: Wenn dich das Kochen zu viel Zeit kostet, kannst du mit anderen Personen im Haushalt ausmachen, ob sie täglich ein Gericht übernehmen. Oder du bestellst jeden zweiten Tag Essen, was dir die Zubereitungszeit erspart. Dies ist auch Assistenz.
2. **Qualität steigern.** Indem du die Qualität der Freiräume steigerst, verbessert sich deren Wirksamkeit – so zumindest lautet die Annahme. Es ist kein Geheimnis, dass einige Personen sich nur bei bestimmten Übungen oder in bestimmten Situationen entspannen können. Erwarte daher nicht, dass dir alle Übungen in den folgenden Schritten helfen werden. Prüfe, welche der folgenden Übungen in diesem Kapitel dir am meisten liegen und dir für deinen Freiraum zusagen. Die wirksamsten Übungen ziehen die für deinen Fall höchste Qualität nach sich. So erreichst du durch deine Freiräume den gewünschten Effekt.

> **Meine Erfahrungen**
>
> Mir hat ein klarer Priorisierungsplan, ähnlich dem hier geschilderten, sehr geholfen. Spätestens hier merkte ich, dass bei mir eine Kombination aus mehreren Ursachen für Prokrastination vorlag. Ich konnte mich schlecht motivieren und ließ mich gelegentlich von Impulsen ablenken, weil ich mir zu viele Pflichten auferlegt hatte. Teilweise war es offensichtlich, dass es zu viele Pflichten waren. Aber ich sagte immer „Ja", weil ich mir etwas beweisen wollte, was ich bis heute nicht verstehen kann. Jetzt weiß ich aber, dass es sich lohnt, zuerst zu überlegen und erst später „Ja" zu sagen. Neben der Arbeit habe ich ein Projekt und ein Hobby. Ansonsten genieße ich die sozialen Freiräume, die Zeit zum Kochen und das Nichtstun. Das alles sind in meinen Augen unterschätzte wertvolle Komponenten des Lebens!

2. Schritt: Einfacher Einstieg ins Entschleunigen

Ein paar einfache Methoden, um zu entschleunigen, kennst du sicher selbst. Das „Faulenzen" wäre wohl das beste Beispiel dafür. Faulenzen ist aber nur solange eine Methode zur Entschleunigung, wie wirklich nichts getan wird. Wer faulenzt, zeitgleich jedoch beklemmende Gedanken hegt – sei es auch nur im Unterbewusstsein –, entschleunigt keineswegs. Die betroffene Person befindet sich unter einer psychischen Belastung, die entweder Ängste oder Stress verursacht. Sie denkt an die Sorgen des Tages oder wurmt sich, dass eine Aufgabe mal wieder aufgeschoben wurde. Sämtliche Entschleunigungsmaßnahmen, bei denen negative Gedankengänge eintreten, wirken nicht. Um es ganz einfach zu formulieren: Entschleunigung hat die Aufgabe, von dem

Alltag abzulenken und gemächlich im Moment zu leben. Glücklicherweise gibt es Trends und Methoden, die dem Zweck dienen, sich auf den Moment und wirklich nur auf den Moment zu konzentrieren.

Methode 1: „Slow"-Trends für einzelne Lebensbereiche

Mit dieser Sammlung an „Slow"-Trends bist du bestens versorgt, um einen abwechslungsreichen Start in die Entschleunigung vorzunehmen. Die sogenannten „Slow-Maßnahmen" sind in Europa relativ gut bekannt. Sie etablieren sich zunehmend. Inspiriert sind sie womöglich durch einige fernöstliche Ansätze und Philosophien, aber ihren Ursprung haben die Slow-Maßnahmen in Europa. Eine besonders bekannte Methode ist das Slow Food.

Slow Food steht im Gegensatz zum Fast Food. Die ungesunden Schnellspeisen, zu denen viele Personen dann greifen, wenn sie etwas auf die Schnelle brauchen, weil sie keine Zeit zum Essen haben, werden gemieden. Keine Zeit zum Essen? Das ist für Anhänger des Slow Food kaum denkbar. Die Bewegung, die in den 80er Jahren in Italien begann, vertritt die Ansicht, dass Genuss der Speisen im Mittelpunkt stehen sollte. Genuss könne nur durch Qualität gewährleistet werden, Qualität ziehe einen gewissen Aufwand und somit Zeit in der Herstellung nach sich. Ökologische und regionale Speisen stehen im Vordergrund. Geschmack wird nicht ausnahmslos als eine Frage des subjektiven Geschmacks definiert, sondern u. a. als eine soziokulturelle Frage, über die gestritten werden sollte. In den Augen der Vertreter des Slow Food sei der Trend zum Fast Food darauf zurückzuführen, dass immer mehr Personen die Aufmerksamkeit gegenüber dem Essen verlieren und „wahren" Geschmack nicht mehr empfinden würden; also eine Art Abstumpfung durch fehlende Aufmerksamkeit.

Wenn du eine Affinität zu leckerem Essen hast, kannst du mit Slow Food eine ausgezeichnete Option zur Entschleunigung finden. Hier ein Vorschlag für den Abend:

- Schalte den Fernseher aus.
- Wenn du eine/n Partner/in hast: Kocht zusammen. Ansonsten koche allein.
- Macht den Abend ohne Fernseher um eine Stunde kürzer, aber verbringt den Abend gemeinsam mit Reden, Lachen und Erinnerungen zu selbst gekochtem Essen und einem Glas Rotwein.

Ob allein, mit Freunden beim Grillen, beim Besuch im Restaurant: Slow Food ist eine sinnliche Art der Entspannung, die zugleich – mit Kochen kombiniert – zum Hobby werden kann. Slow Cooking ist der passende Trend zur Entschleunigung durch langsames Kochen.

Ein weiterer Trend ist Slow Travel, also das langsame Reisen. Beim langsamen Reisen verzichtest du auf Hotels, Flugzeuge, Luxus-Veranstaltungen u. Ä., die meist mit der Wahrnehmung von Terminen, Wartezeiten und großen Menschenmassen verknüpft sind. Du entscheidest dich stattdessen für eine Form des Urlaubs, bei der du allein oder mit deiner Begleitung mit geringen Mitteln reist. Als Folge bist du meist der Natur und einheimischen Personen nahe, was dir authentische Einblicke in die verschiedensten Urlaubsorte gewährt. Wenn man bedenkt, dass das Reisen und Urlaube meist der Erholung dienen sollen, aber häufig Stress ein Teil der Ausflüge ist, erscheint das Slow Travel vor allem bei Menschen, die wenig Urlaub haben, als wichtig. Um die Verknüpfung zu der Qualität der Freiräume (siehe im vorigen Unterkapitel die Frage 5) herzustellen: Wenn du bisher gemerkt hast, dass Urlaube nicht die gewünschte Erholung mit sich brachten, ist das Slow Travel doch wie gemacht für dich!

Informiere dich gern selbstständig über weitere Slow-Trends. Es braucht keiner wissenschaftlichen Quellen. Das Internet wird dich reichlich inspirieren. Wenn du möchtest, kannst du sogar eigene Slow-Trends entwickeln. Sofern sie für dich zielführend sind und es dir Wohlbefinden verschafft, die jeweilige Sache langsam zu machen, ist es auch die richtige Maßnahme. Rein theoretisch steht nicht mal dem „Slow-Rasenmähen", etwas im Weg, wenn du reichlich Rasenfläche hast und es dir Entspannung verschafft, deine Seele beim Rasenmähen baumeln zu lassen.

Methode 2: Sport, Musik, Kunst – aber ohne Leistungsdruck!

Vorhin ist schon einmal durchgeklungen, dass Sport nur so lange der Entschleunigung dient, wie es nicht mit Leistungsdruck verknüpft ist. Zudem muss dir natürlich die Durchführung zusagen, denn Spaß bei der Sache ist ein wichtiger Faktor, um sich von den Gedanken und Sorgen des Tages abzulenken und mit dem Kopf nur beim Sport zu sein. Dasselbe trifft auf andere Formen von Hobbies zu. Musik und Kunst sind naheliegende Alternativen.

Wenn diese Aktivitäten hingegen mit Leistungsdruck verknüpft sind, sind sie bei den eigenen Zielen und Wünschen einzuordnen, weil du etwas erreichen möchtest und dafür arbeiten musst. Es handelt sich um keine lockere Entschleunigung. Diese Differenzierung ist wichtig. Du solltest sie verinnerlichen, damit du nicht fünf Stunden täglich Sport machst und dich wunderst, wieso es dir nicht gelingt, dich zu entspannen.

Um es mit drei Beispielen zu belegen:

> ➢ Du spielst Fußball im Verein. Die Trainingszeiten sind vorgeschrieben, die Spiele müsst ihr gewinnen.

Du musst dir über Abseitsfallen und taktische Dreiecke den Kopf zerbrechen.
- ➢ Du spielst Klavier. Demnächst trittst du auf einem Konzert auf. Von solchen Konzerten gibt es jährlich mehrere, auf die du dich immer akribisch vorbereitest. Der Auftritt vor großen Menschenmengen bereitet dir Unbehagen.
- ➢ Mit deinen handwerklichen Fähigkeiten hast du das Ziel, in einen Begabtenkurs aufgenommen zu werden, um dich mit anderen Personen auf deinem Niveau weiterzuentwickeln. Obwohl nur Hobby, musst du für die Aufnahme Auflagen erfüllen und gute Leistungen erbringen, um nach der Aufnahme Teil des Kurses zu bleiben.

Wie sollst du dich in all diesen Szenarien entspannen können? Auf den Stress der Arbeit und des Alltags folgt nun auch der Stress beim Hobby. Wenn du all diese Dinge nur für dich machen würdest, wäre es etwas anderes. Aber unter dem Druck, Leistungen liefern zu müssen und Standards einzuhalten, sind die Aktivitäten fordernd.

Führe Sport, Musik und/oder Kunst zur Entschleunigung und Entspannung dann ein, wenn du reichlich Zeit zur Ausübung, Lust auf die jeweilige Aktivität und keinerlei Druck hast. Dann sind positive Auswirkungen auf die Psyche medizinisch wohl begründet. Diese Maßnahmen zur Entspannung und zum komfortablen Ausnutzen der Freiräume sind eine klassische schulmedizinische Empfehlung.

Eine Studie von Sandra Klaperski und Reinhard Fuchs von der Albert-Ludwigs-Universität Freiburg zeigte eine Stresssenkung im Rahmen eines Versuchs. 149 inaktive männliche Probanden wurden in drei Gruppen unterteilt, von denen eine ein Sportprogramm über die Dauer von zwölf Wochen absolvierte. Diese Gruppe profitierte von der sportlichen

Aktivität in Form eines geringeren Cortisolspiegels (Cortisol ist ein Stresshormon) und einer reduzierten Herzfrequenz.

Wissenschaftler aus Taiwan untersuchten den Nutzen von Yoga in der Stressbewältigung. Es wurde erneut in Gruppen unterteilt, sodass eine Gruppe Yoga praktizierte und eine weitere Kontrollgruppe inaktiv blieb. Die Gruppe mit Yoga-Praxis zeigte einen Rückgang des Stresslevels und eine verbesserte Funktion des autonomen Nervensystems nach sechs bis zwölf Wochen.

Wenn dir an dieser Stelle der Zusammenhang zur Prokrastination langsam verloren gehen sollte, dann bedenke, welchen Weg du in diesem Schritt eingeschlagen hast: Du hast für dich entschieden, dass du aufschiebst, weil du zu viele Pflichten und zu wenige Freiräume hast. Als Folge dessen hast du dich entschlossen, Freiräume zur Entspannung, Entschleunigung und zur Verbesserung deines psychischen Zustands in deinen Alltag einzubauen. Wenn du deinen Zustand verbesserst, wirst du deinen verbliebenen Pflichten besser nachgehen können. Die psychischen Verbesserungen durch Sport werden dir also voraussichtlich einen „Anti-Aufschiebe-Kick" geben.

Wusstest du schon?

Außerdem ist längst bekannt, dass Sport imstande ist, den Rang eines „Allheilmittels" einzunehmen. Ein Artikel des SPIEGEL erzählt von der Lauftherapeutin Joanna Zybon, die u. a. in einer Berliner Justizvollzugsanstalt arbeitet. Sie hilft den Hilfesuchenden bei Problemen verschiedenster Art – vom Drogenentzug über Depressionen bis hin zu Schlafstörungen. Sport wird als ein Multifunktionsmittel zur Therapie der Gedanken vorgestellt. Dies geht sogar so weit, dass Sport eine angstlösende Wirkung haben kann.

Es bestehen demzufolge keine Zweifel, dass sich Sport zur Entspannung und als Lückenfüller für deine Freiräume eignet. Aber lassen sich dieselben Erkenntnisse wie vom Sport auch auf Musik und Kunst übertragen? Als Antwort auf diese Frage trägt das *SAGE Institut für Achtsamkeit und Gesundheit Berlin* die Erkenntnisse zur Wirkung von Musik aus mehreren Studien und Büchern zusammen:

- Beeinflussung von Gehirnprozessen und -funktionen
- Beeinflussung von Atmung, Blutdruck, Körperspannung und Herzfrequenz – zum Guten wie zum Schlechten
- klassische Musikstücke tragen zu Ruhe und Entspannung bei, während Lieblingsmusik Erregung fördert
- Senkung von Stress beim Hören von Entspannungsmusik (niedrigere Cortisolwerte im Blut)
- positive Effekte treten vereinzelt auch bei körperlichen Beschwerden ein, wenn Musik gehört wird
- Minderung von Depressionen möglich

Wenn du Musik machst, vergrößern sich die Wirkungsweisen mit hoher Wahrscheinlichkeit, weil du nicht mehr nur hörst, sondern praktizierst. Du musst entweder gewisse Atemtechniken beim Spielen berücksichtigen oder dich genauer auf die Musik konzentrieren als nur beim Hören. Außerdem kannst du – vorausgesetzt, du beherrschst das jeweilige Instrument gut – deine Emotionen abreagieren.

Das Praktische bei Musik ist, dass du sie mit anderen Aktivitäten verknüpfen kannst. Beim Sport oder bei künstlerischen Aktivitäten Musik zu hören, machen viele Personen. Der Musikgeschmack ist erstmal unerheblich, aber ruhige und klassische Musik hat einen gewissen Neutralitätsfaktor. Einerseits wirkt sie beruhigend, andererseits verknüpft man damit meist keine persönlichen Erinnerungen. Wenn du den Song *Unchained Melody* hören und dabei an Patrick Swayze und Demi Moore beim Töpfern im Filmklassiker *Ghost – Nachricht von Sam* denken müsstest, wäre eine Ablenkung gegeben. Bei klassischer Musik ist es nicht der Fall. Diese Musik kannst du sogar ausgezeichnet während der Durchführung der Aufgabe, die du sonst immer aufschiebst, hören. Eventuell fällt dir dann die Aufgabe leichter.

Methode 3: Fernöstliche Ansätze im Überblick

Das, was einen Fernost lehrt, hat rein gar nichts mit Esoterik zu tun. Vereinzelt wird den Atemübungen, Meditationen und Achtsamkeitsübungen Unrecht getan, indem sie mit Esoterik in eine Schublade gesteckt werden. Personen, die wenig informiert sind, zweifeln die Wirksamkeit dieser Methoden anschließend an. Wusstest du aber, dass zahlreiche fernöstliche Methoden zur Entspannung in Studien überprüft und als potenziell wirksam eingestuft wurden? Mittlerweile öffnet sich sogar die europäische Schulmedizin den fernöstlichen Theorien.

Um den Nutzen von Atemübungen anhand eines Beispiels zu belegen: Der *Arbeitskreis Atemtherapie München* führte 2011 ein Pilotprojekt mit Patienten durch. Professionelle Atemtherapeutinnen machten über einen bestimmten Zeitraum regelmäßige Atemübungen mit den Patienten. Der Zustand der Patienten verbesserte sich im Hinblick auf Psyche und körperliches Empfinden. Die Zufriedenheit nahm zu, die Ängstlichkeit ab.

Atemübungen führen zu Entspannung. Es lassen sich verschiedene Atemtechniken einstudieren, oder die Atmung wird als Unterstützung zur Meditation genutzt. Bei einer Meditation ist das Ziel, sich auf den Moment zu fokussieren. Personen, die Probleme damit haben und deren Gedanken regelmäßig in Richtung der Probleme des Alltags abschweifen, können bei den ersten Meditationsübungen durch die Konzentration auf die Atmung eine große Hilfe finden. So wird nämlich ein Anker geschaffen, der von den Gedanken des Alltags ablenkt und die Meditation vereinfacht. Durch konsequente regelmäßige Übung wird die Meditation mit der Zeit besser funktionieren, sodass die Atemübungen irgendwann weggelassen werden können.

> **Aufgabe 4**
>
> Wo wir schon bei der Atemübungen-Meditation-Kombi sind: Übe es. Begegne dieser Methode der Entspannung offen. Wir sprechen von keiner Esoterik, sondern Übungen, bei denen eine mögliche Wirksamkeit erwiesen ist. Nimm dir daher ein tägliches Zeitfenster von 10 bis 15 Minuten, um zu meditieren. Gehe dabei so vor, dass du dich bequem an einem ruhigen Ort hinsetzt. Stelle den Wecker, damit du während der Meditation nicht auf die Uhr guckst und abgelenkt wirst. Atme im bequemen Sitz langsam und kontrolliert. Konzentriere dich auf jeden Atemzug.

Apropos Meditation: Sag' den Energy-Drinks und Koffein-Tabletten schonmal Goodbye, falls du sie bisher genutzt hast! Hin und wieder ist es in Ordnung, aber vor allem im Zusammenhang mit dem Aufschieben sind die genannten Substanzen eher kontraproduktiv. Sie putschen derart stark auf, dass du eher an der Ablenkung als an der Aufgabe konsequent dranbleibst. Eine Runde Meditation hingegen sorgt nicht selten für einen Fokus, der mehrere Stunden danach noch anhält. Es macht also Sinn, wenn du die Meditation unmittelbar vor der Aufgabe, die du aufschiebst, oder so kurz davor wie möglich machst. Dann ist dein Fokus für die Durchführung geschärft.

Zu den fernöstlichen Entspannungsübungen eignet sich auch Qi-Gong. Diese Bewegungsform sowie Tai-Chi und Shiatsu sind mittlerweile Bestandteil der offiziellen

Entspannungs- und Aktivitätsprogramme in Chefetagen mehrerer Großunternehmen, wie die *WirtschaftsWoche* berichtet. Wenn du diesen Techniken offen gegenüberstehst, solltest du dir auf YouTube zahlreiche Übungsvideos ansehen. Finde ein Video, bei dem du vom körperlichen und geistigen Level her gut mithalten kannst, und probiere die Übungen aus.

3. Schritt: Dauerhaft Achtsamkeit und Entschleunigung etablieren

Der dritte Schritt ist die Königsdisziplin. Wenn du diesen Schritt beherrschst, bist du imstande, sogar ohne viele Freiräume und bei zahlreichen Pflichten im Alltag trotzdem deine mentale und körperliche Verfassung auf einem guten Level zu halten. Natürlich geht es nicht komplett ohne Freiräume, aber mit dem dritten Schritt lernst du, sogar aus den kürzesten Pausen im Verlaufe des Tages, die sich spontan und vielleicht sogar nur für ein bis zwei Minuten ergeben, das Beste zu machen.

Stelle dir zunächst einen ziemlich vollen Terminplan vor. Dieser Terminplan ist derart gefüllt, dass du von einem Termin zum nächsten hetzen musst. Zwischendurch hast du immer nur ein paar Minuten frei. Dadurch, dass du dauerhaft Achtsamkeit etablierst, verschaffst du dir die Fähigkeit, immerhin diese paar Minuten zu entschleunigen. Dies ist gar nicht so einfach, wie gedacht. Denn zwischen zwei Terminen liegt der Gedanke meist schon beim nächsten Termin. Psychiater Michael Huppertz sieht hier ein großes Problem: *„Die Menschen hetzen in ihren Gedanken immer in die Zukunft, um ja nichts zu verpassen. Dabei entgeht ihnen genau dann das, was wirklich gerade passiert."*

Was wäre, wenn du zumindest diese Hetze überwinden könntest? Wenn du immer dann, wenn du wolltest, Abstand schaffen könntest? Dies würde bedeuten, dass du in den fünf Minuten zwischen dem einen Termin und dem anderen Termin wärst; und zwar mit all deiner Achtsamkeit hast – kein stressiger Gedanke, dass bald jemand durch die Tür kommt oder du die nächste Aufgabe fortsetzen musst. Du wärst im Hier und Jetzt und würdest dich entspannen.

Wie vieles, was du in den vergangenen Kapiteln kennengelernt hast, ist die dauerhafte Achtsamkeit und Entspannung eine langfristige Übungssache. Einerseits helfen dir beim Erlangen einer dauerhaften Achtsamkeit die Methoden aus dem zweiten Schritt, andererseits solltest du dich darauf konditionieren, in den kurzen Pausen deines Tages achtsam zu sein.

Aufgabe 5

Die Methoden aus Schritt 2 haben dir geholfen, das „Abschalten" zu bestimmten Zeitpunkten zu lernen. Jetzt ist es soweit, dass du mithilfe deiner bevorzugten Methoden das Abschalten zu jedem x-beliebigen Zeitpunkt erlernst. Gewöhne dich daran, die kleinen Pausen, die sich zwischen zwei Terminen oder Aufgaben ergeben, immer sinnvoll zu nutzen. Hier ein paar Beispiele:

- Wenn du isst, dann esse langsam.
- Wenn du nichts machst, dann atme bewusst.
- Wenn du wartest, praktiziere währenddessen Entspannungsübungen – solange es in der jeweiligen Umgebung kein Aufsehen erregt.
- Habe, falls du dich mittels Musik entspannst, immer deine Kopfhörer und einen kleinen Musikplayer dabei. Die älteren iPods Shuffle sind praktisch, weil sie außer Musik keinerlei Funktionen (z. B. E-Mail, SMS) haben und dich dadurch nicht ablenken.

Je häufiger du dich daran gewöhnst, das kleine Vakuum im Tagesablauf mit Entspannung und Fokus auf den Moment zu füllen, umso besser wird es dir gelingen. Alles ist Übungssache! Mit fortlaufender Zeit sollte es dir möglich sein, dich auch ohne die Übungen auf den Moment zu konzentrieren und jeden Moment des Tages mit Achtsamkeit zu füllen. Eine nützliche Methode ist, immer auf die kleinen Dinge, die dich umgeben, zu achten. Wartezeit draußen vor einem Gebäude kann hervorragend mit Naturnähe verknüpft werden, indem du dir die Grünflächen ansiehst. Oder du beobachtest einfach ganz genau die Passanten und wie sie ihren Alltagspflichten nachgehen. Um mit den Worten eines Darstellers im bereits genannten Film *The Peaceful Warrior – Pfad des friedvollen Kriegers* zu schließen: „Es ist immer etwas los." Jeder Moment bietet reichlich Wunder. Man muss nur darauf achten. Dies verschafft sogar bei kleinen Zeitfenstern Entspannung und Abstand. So wird jede Folgeaufgabe mit neuer Energie angegangen.

Das Wichtigste auf den Punkt gebracht

> - Wissenschaftler, Psychologen, Psychotherapeuten und Fachverbände sind sich einig darin, dass durch die Digitalisierung am Arbeitsplatz und im Privatleben neue Möglichkeiten, aber auch neue Herausforderungen entstehen. Zu den Herausforderungen zählt eine neue Form des Stresses: der Technostress.
> - Es existieren zu viele Möglichkeiten, was eine Prioritätensetzung erschwert. In Beruf, Privatleben und Freizeit kann dies zu einer gewissen Unentschlossenheit führen.
> - Fange an, zu ermitteln, ob die Prokrastination bei dir nicht eine logische Folge der Überforderung aufgrund zu vieler Pflichten ist. Reduziere die Pflichten,

wo es möglich ist, um Freiräume für Entspannung und Entschleunigung zu schaffen.
- ➢ Integriere Entspannungsübungen in deinen Alltag. Reduziere den Stress, indem du gezielt entschleunigst und Prozesse langsamer durchführst, wie z. B. Essen oder Kochen (Slow Food und Slow Cooking).
- ➢ Versuche, anhand von Entspannungsübungen und anderen Methoden, die du zur Stressreduktion eingeübt hast, die Entspannung auch in eigentlich ungünstigen und knappen Momenten des Alltags zu integrieren. *Wem es gelingt, zwischen Berufstermin und privatem Arzttermin im Wartezimmer auf die Atmung zu achten und die Gedanken einzig und allein auf den Moment zu konzentrieren, kann immer entspannt sein!*

Schlusswort

Wenn dich der Ratgeber eines gelehrt hat, dann hoffentlich eine gehörige Portion Respekt vor dem Aufschieben. Es hat das Potenzial, krankhafte Ausmaße anzunehmen. Möglich ist, dass es sich unbemerkt wie ein Geschwür ausbreitet und schrittweise mehrere Bereiche deines Lebens erfasst. Wenn du das Aufschieben als Problem ernst nimmst, hast du gute Chancen auf weitreichende Besserung. Diese Besserung bewahrt dich vor chronischer Unzufriedenheit, mangelndem Erfolg und eventuell sogar vor psychischen Erkrankungen.

Am Anfang steht wie beim Arzt die Untersuchung mit Diagnose. Wende die Mittel dieses Buches an und versuche, dich in den Ursachen wiederzufinden. Anschließend kannst du die richtige „Therapie" mit dem jeweiligen Konzept in die Wege leiten. Dabei ist die Therapie viel mehr als eine bloße Therapie. Denn je mehr du aus diesem Buch umsetzt, umso mehr lernst du, Prioritäten festzulegen, Stress zu reduzieren, ein größeres Selbstbewusstsein zu erlangen, dein soziales Umfeld zu optimieren und allgemein im Leben die richtigen Entscheidungen zu treffen.

Die wohl erstaunlichste Lehre dieses Buches, in der du dich womöglich sogar wiedergefunden hast, besteht darin, „Nein" zu einer Aufgabe sagen zu können. In diesem Sinne ist es nicht komplett abwegig, dass das Aufschieben nicht dein eigentliches Problem ist. Möglicherweise ist das Problem, dass du die Aufgabe nicht komplett aus deiner Agenda streichst. Genau das ist der letzte Appell in diesem Ratgeber für dich auf deinem weiteren Weg: Lerne zu entspannen, loszulassen und zu entschleunigen. Im Großen und Ganzen genießen die meisten Menschen durch die wirtschaftliche und technologische Weiterentwicklung Perspektiven, die es vor einigen Jahrzehnten so noch nicht gab. Perspektiven sind grandios, weil sie dir mehr Chancen verschaffen, dein erträumtes Leben zu leben. Auch das Austesten dieser Perspektiven ist wichtig. Unterscheide aber immer zwischen „austesten" und „fest vornehmen"; will meinen: Nachdem du getestet hast, ist eine Entscheidung darüber zu treffen, was du im Leben brauchst, über deine existenziellen Bedürfnisse hinaus möchtest und wie viele Freiräume für deine körperliche sowie psychische Gesundheit bei alledem notwendig sind. Die Entscheidungen triffst du auf Basis deiner Erfahrungen und des Austestens. Die Devise lautet: Lieber erstmal weniger machen und beobachten.

Lege eine Agenda fest, die in deinen Augen realistisch ist und dir Lust aufs Leben und die damit verbundenen Aufgaben macht. Dann sinkt die Wahrscheinlichkeit, dass du Pflichten aufschiebst. Falls sich das Aufschieben dann doch häuft, weißt du, was du machen musst: Entweder liegt die Ursache bei dir, was du sehr ehrlich und mittels inneren Dialoges hinterfragst, oder du hast dir zu viele Aufgaben auferlegt. Wie auch immer du urteilst und welche Maßnahmen du mit Hilfe dieses Ratgebers wählst: Sei ehrlich zu dir selbst und belüge dich nicht. Dann wirst du früher oder später immer ein gutes Mittel finden, das dich zum Ziel führt.

Viel Glück und Erfolg dabei!

Quellenverzeichnis

Achtnich, Leonie (2012), Prokrastination: Zehn Tipps zum Anfangen, in ZEIT Campus Nr. 4/2012 von https://www.zeit.de/campus/2012/04/prokrastination-tipps, abgerufen: 23.2.2021

Amerland, Andrea (2019), Beschäftigte leiden unter digitalem Stress, von https://www.springerprofessional.de/gesundheitspraevention/stressmanagement/deutsche-erwerbstaetige-plagt-digitaler-stress/16282378, abgerufen: 23.2.2021

Bühring, Petra (2010), Psychische Erkrankungen: Dramatische Zunahme – Kein Konzept, von https://www.aerzteblatt.de/archiv/78018/Psychische-Erkrankungen-Dramatische-Zunahme-kein-Konzept, abgerufen: 23.2.2021

Canfield, J.; Hansen, M. V.; Hewitt, L.: The Power of Focus – So erreichen Sie Ihre persönlichen, finanziellen und beruflichen Ziele. München: Redline Verlag, 2013. 1. Auflage.

Dr. med. Nonnenbacher (2019), Großhirnrinde, in MedLexi.de, von https://medlexi.de/Gro%C3%9Fhirnrinde, abgerufen: 23.2.2021

Eultgen, Simon (o.D.): Pomodoro Technik, effektives lernen leicht gemacht, von https://www.fernstudiumcheck.de/ratgeber/pomodoro-technik-effektives-lernen-leicht-gemacht, abgerufen: 23.2.2021

Gimpel, Lanzl, Manner-Romberg, Nüske (2018), Digitaler Stress in Deutschland – Eine Befragung, von Erwerbstätigen zu Belastung und Beanspruchung durch Arbeit mit digitalen Technologien von https://www.boeckler.de/pdf/p_fofoe_WP_101_2018.pdf, abgerufen: 23.2.2021

Hauschild, J (2013), Beobachten, fühlen, entschuldigen, in Spiegel Psychologie, von https://www.spiegel.de/gesundheit/psychologie/achtsamkeit-kleine-schritte-zur-entschleunigung-a-890285.html, abgerufen: 23.2.2021

Jakob, N.& Dämon K. (2017), Was Kampfkunst über das Führen lehrt, von https://www.wiwo.de/erfolg/management/management-auch-fernoestliche-entspannungstechniken-helfen/19553278-2.html, abgerufen: 23.2.2021

Klaperski S. & Fuchs R. (2013), Effekte eines 12-wöchigen Sport- oder Entspannungsprogramms auf subjektive und physiologische Stressreaktionen, von https://www.sportwissenschaft.de/fileadmin/pdf/tagungen2013/2013_Klaperski_Effekte12Sport-Entspannungsprogamm.pdf, abgerufen: 23.2.2021

Kucklick, Christopher (o.D.), „Es gibt keinen Hinweis, dass ein Unterbewusstsein existiert", von https://www.geo.de/wissen/gesundheit/22098-rtkl-psychologie-es-gibt-keinen-hinweis-dass-ein-unterbewusstsein-existiert, abgerufen: 23.2.2021

Leadership insiders (2019), Technostress – eine Schattenseite der Digitalisierung?, von https://www.leadership-insiders.de/technostress-eine-schattenseite-der-digitalisierung/, abgerufen: 23.2.2021

Lern-Psychologie.de (o.D.), Soziale Lerntheorie: Lernen am Modell nach Albert Bandura von http://www.

lern-psychologie.de/skripte/modelllernen.pdf, abgerufen: 23.2.2021

Leubner D. & Hinterberger T. (2017), Reviewing the Effectiveness of Music Interventions in Treating Depression, von https://www.ncbi.nlm.nih.gov/pmc/articles/PMC5500733/, abgerufen: 23.2.2021

Lexikon der Biologie (1999), Unterbewusstsein, von https://www.spektrum.de/lexikon/biologie/unterbewusstsein/68591, abgerufen: 23.2.2021

Lin, Huang, Shiu, Yeh (2015), Effects of Yoga on Stress, Stress Adaption, and Heart Rate Variability Among Mental Health Professionals--A Randomized Controlled Trial, von https://pubmed.ncbi.nlm.nih.gov/26220020/, abgerufen: 23.2.2021

Mende, Annette (2017), Placebo Effekt: Wirkung ohne Wirkstoff von https://www.pharmazeutische-zeitung.de/ausgabe-462017/placebo-effekt-wirkung-ohne-wirkstoff/, abgerufen: 23.2.2021

Moestl, B.: Shaolin – Du musst nicht kämpfen, um zu siegen!. München: Knaur Verlag, 2008.

Nier, Hedda (2019), Erhöht digitaler Stress das Krankheitsrisiko?, von https://de.statista.com/infografik/19229/digitaler-stress-im-job-erhoeht-krankheitsrisiko/, abgerufen: 23.2.2021

PsyGA (2018): Die psychische Gesundheit in Zahlen, von https://www.psyga.info/psychische-gesundheit/daten-, abgerufen: 23.2.2021fakten#:~:text=Psychische%20Erkrankungen%20nehmen%20in%20ihrer,Prozent%20(%20BKK%20Gesundheitsreport%202018) , abgerufen: 23.2.2021

SAGE Institut für Achtsamkeit und Gesundheit Berlin (o.D.), Die Wirkung von Musik auf Mensch und Gesundheit, von https://www.sage-institut.de/wirkung-musik-gesundheit/, abgerufen: 23.2.2021

Stangl, W. (2021). Stichwort: ‚*Selbstwirksamkeit*'. Online Lexikon für Psychologie und Pädagogik. https://lexikon.stangl.eu/1535/selbstwirksamkeit-selbstwirksamkeitserwartung/, abgerufen: 23.2.2021

Stangl, Werner (o.D.), Lernen am Modell – Albert Bandura von https://arbeitsblaetter.stangl-taller.at/LERNEN/Modelllernen.shtml, abgerufen: 23.2.2021

Statista Research Department (2013): „Verteilung der AU-Tage aufgrund psychischer und Verhaltensstörungen (F00-F99) in Deutschland nach ausgewählten Diagnosegruppen im Jahr 2013" von https://de.statista.com/statistik/daten/studie/189551/umfrage/krankenhaustage-aufgrund-psychischer-stoerungen-nach-diagnoseuntergruppen/, abgerufen: 23.2.2021

Statista Research Department (2019): „Statistiken zu psychischen Erkrankungen" von https://de.statista.com/themen/1318/psychische-erkrankungen/, abgerufen: 23.2.2021

Steel, Dr. P.: The Procrastination Equation: How to Stop Putting Things Off and Start Getting Stuff Done. Toronto: Random House Canada, 2012.

Stollreiter, M.: Schluss mit dem Aufschieben – Endlich anfangen zu leben. München: mvgVerlag, 2014.

Thakkar, N. (2009). Why procrastinate: an investigation of the root causes behind procrastination.

Universtiy of North Carolina at Chapel Hill (o.D.), Procrastination gefunden unter https://writingcenter.unc.edu/tips-and-tools/procrastination/, abgerufen: 23.2.2021

Von der Tann, Marie (2017), Wie Sport der Psyche hilft, in Spiegel Psychologie, von https://www.spiegel.de/gesundheit/psychologie/sport-gegen-stress-wie-bewegung-der-psyche-hilft-a-1173661.html, abgerufen: 23.2.2021

Zeug, Katrin (2013): Mach es anders!, in ZEIT Wissen Nr. 2/2013, abgerufen: 23.2.2021

www.ingramcontent.com/pod-product-compliance
Lightning Source LLC
Chambersburg PA
CBHW071351080526
44587CB00017B/3054